温暖的氛围

5分钟建立信任

（日）小西美穗　著
屈秭　译

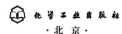
·北京·

3秒で心をつかみ　10分で信頼させる　聞き方・話し方（小西美穂）
3-BYO DE KOKORO WO TSUKAMI 10-PUN DE SHINRAISASERU KIKIKATA HANASHIKATA
ISBN 978-4-7993-2189-8
Copyright © 2017 by Miho Konishi
Original Japanese edition published by Discover 21, Inc., Tokyo, Japan
Simplified Chinese edition published by arrangement with Discover 21, Inc. through Shinwon Agency

本书中文简体字版由 Discover 21, Inc. 通过信元代理公司授权化学工业出版社独家出版发行。

本书仅限在中国内地(大陆)销售，不得销往中国香港、澳门和台湾地区。未经许可，不得以任何方式复制或抄袭本书的任何部分，违者必究。

北京市版权局著作权合同登记号：01-2019-7941

图书在版编目（CIP）数据

温暖的氛围：5分钟建立信任 /（日）小西美穗著；屈秭译 . —北京：化学工业出版社，2020.4 （2024.7重印）
　ISBN 978-7-122-36185-1

Ⅰ.①温… Ⅱ.①小…②屈… Ⅲ.①人际关系学 – 通俗读物 Ⅳ.① C912.11-49

中国版本图书馆 CIP 数据核字（2020）第 025530 号

责任编辑：郑叶琳　张焕强　　　　　　　装帧设计：尹琳琳
责任校对：杜杏然

出版发行：化学工业出版社（北京市东城区青年湖南街 13 号　邮政编码 100011）
印　　装：三河市双峰印刷装订有限公司
880mm×1230mm　1/32　印张 6¾　字数 126 千字　2024 年 7 月北京第 1 版第 3 次印刷

购书咨询：010-64518888　　　　　　　　售后服务：010-64518899
网　　址：http://www.cip.com.cn
凡购买本书，如有缺损质量问题，本社销售中心负责调换。

定　价：39.00元　　　　　　　　　　　　　　　版权所有　违者必究

写在卷首

在工作、家庭、学校等各种各样的社会场景中，与长辈、社会地位高的人或是思维方式跟自己完全不同的人一起相处的时候，你有没有过"该说什么才好啊"这样的困惑？

或者说，跟不好打交道的人、性格内向的人、很难说出真心话的人聊天时，聊着聊着就不知道聊什么。这样的经历，你可曾有过？

我有过很多这样的经历，这一路走来，吃了很多苦头，也失败了很多次。

所以我想通过此书，以我这些年的经历为基础，向读者们介绍怎样跟各种各样、形形色色的人进行顺畅的沟通，并且给出建立良好人际关系的技巧与方法。

交流本身，其实并不需要什么特殊的才能。只要有意识地稍加一些努力，谁都能掌握这个"技术活儿"。这是我在自己的主持工作中，在无数次失败与克服失败的过程中逐步认识到的。

作为日本电视台的一名新闻记者兼主持人，我从 2005 年开始参与了"Zoom-in Sunday""News Real Time""深层报道"等节目。特别有幸的是，有很多机会担任时事新闻评论类节目的主持人，在12年里共主持了六档节目（包括在其他节目里开设的谈话类栏目）。

我在节目中采访与交流过的来自不同领域的嘉宾，总共超过了1700多人。

以安倍晋三首相为首的政府首脑、财经界大咖、大学教授、经济学家，还有松本幸四郎等著名的演员或演艺界人士，以及前巨人队教练原辰德、职业高尔夫选手青木功等体育界名人。嘉宾里当然还有医生、历史学家，甚至宇航员。所有的采访嘉宾基本上都是初次谋面。谈话的主题涉及政治、经济、医疗、历史、体育等方方面面，老实说这里面我不擅长的话题也非常多。

跟初次谋面的嘉宾一见面就开聊，所谓"现场直播一小时"，就是在没有重新录制机会的有限的时间里，做到让嘉宾打开心扉畅所欲言，发挥出他们的魅力。这正是我的职责所在。

在跟各行各业的专家们交流的过程中，我无数次面对面地感受到了他们在与人交流当中的"技术"。

通过采访以及与嘉宾们的谈话，慢慢地我也逐步悟出了一些诸如"只要这一句问到点上，便能事半功倍"之类的法则。因为有着跟1700多位嘉宾谈话的经验，觉得自己也掌握了一些谈话的"诀窍"。

"尽可能地让对方感到放松，聊出真心话和一些有价值的话题。"

"为什么那些优秀的人都善于交流呢？"

我非常想把以上两点传达给尽可能多的人。

除嘉宾谈话类节目之外，从 2017 年 6 月起，我在每天傍晚时分的新闻报道 "news every." 节目里，开始主持 "为什么是这样？" 这个新闻答疑栏目。通过有效地使用图表、插图、影像等工具，在工作实践当中每天磨炼着如何言简意赅、浅显易懂地进行讲解这门 "技术活儿"。

在我成为谈话类节目主持人之前，我曾经做过日本电视台驻伦敦的新闻特派员。那时候我采访过足球运动员贝克汉姆先生。他是世界闻名的足球先生，让人很难轻易地接近。我尝试使用了一些交流的小技巧，成功地拉近了和他的距离。具体使用的谈话技巧以及当时的场景，我会在之后的文章里给大家做介绍。

在做主持人期间，我一直一边尝试一边从错误中反省、总结，把学习精英们的谈话技巧而积累起来的经验，作为自己的心得，做了很多的笔记记录下来。现在我从这些心得里面，挑选出一些也许会对大家的生活有所帮助的部分，整理成此书以飨读者。

职场也好，夫妻关系也罢，改变并磨炼我们的 "倾听" 与 "谈话" 的技巧，就能使人与人之间的关系得到很大的改善。希望我的这本书能为不善交流或是想能提高自己交流能力的朋友们助一臂之力。

小西美穗

目录

序章
温暖的氛围 001

第一部分
三秒抓住人心的方法

1. 交换名片时，用足三秒致谢　012
2. 用比平时多三分的笑容去打动对方　015
3. 事先调查好与对方是否有共同之处　017
4. 自我介绍离不开"好段子"　021
5. "笔""领带""徽章"是破冰的三大法宝　026
6. 备好闲谈时能用得上的"自己的三大最爱"　030
7. 不要成为"否定大王"　033
8. 得体的服饰也是谈话成功的重要因素　036
9. 女性有一个会表达的"下巴"　040

专题一 消除紧张的方法　042

第二部分

磨炼倾听能力的方法

1. 会倾听的人深谙谈话中的点头之道　056
2. 在谈话中以理解对方的姿态去"接球"　060
3. 用适当的感叹来表达与对方产生共鸣　064
4. 适时总结并整理谈话内容　066
5. 促使对方愿意谈论更多的引导方法　068
6. 使谈话深入发展的关键词"原本"　071
7. 向对方提"用数字能回答"的问题　073
8. 见面之前准备好十个备用问题　077
9. 十个问题里放一个大胆的不同寻常的问题　080
10. 即兴发挥也需要事前做好准备　084
11. 在准备好的资料上贴上一目了然的便签条　089
12. 用"挺胸"的姿势去倾听　092
13. 容易造成消极印象的动作：双手交叉抱在胸前　095
14. 不懂装懂是谈话失败的根本原因　098
15. 不要漏掉对方辅以手势的谈话　101
16. 最后五分钟引导对方畅所欲言的绝招　105

目录

17. 把不善表达的人说的话概括之后再进行理解　108
18. "连呼对方的名字"以打断冗长的谈话　110
19. 对语速快的谈话对象，自己要先做到
    "慢慢说和会概括"　113
20. 对腼腆的谈话对象，"提一些容易回答的问题"　116
21. 能够使谈话顺畅进行的"眼神交流"　119
22. 用沉默去识破对方谈话中的谎言　122
23. 仅仅是点头应和，也能成为对方的"盟友"　125

专题二　讲究谈话中坐的位置也是一种"倾听能力"
　　　　　的表现　131

第三部分

磨炼表达能力的方法

1. 在谈话中称呼对方的名字　138
2. 绝对不要弄错对方的名字　141
3. 与其夸耀自己，不如爆料自己的糗事　145
4. 纠正说话中常有的小毛病　148
5. 忍耐两秒再去打破沉默　151

6. 在最想谈的内容前先做好"预告"　154

7. 反驳他人意见时先用"引子"做铺垫　157

8. 谈话中不要给对方打不好的"预防针"　160

9. 最想说的话要最先说　162

10. 利用便签条准备好说话的顺序　164

11. 根据对方的反应而灵活调整谈话的深度　167

12. 医生是"打比方"的高手　171

13. 完全进入角色来进行讲述　175

14. 夸赞他人以及被他人夸赞　179

15. 提出意见时用"美中不足"　181

16. 向内心烦恼的人提问题时用"消极"的口吻　184

17. 在谈话中救人于困境的"我也这样过"　187

专题三　会谈话的人也会做笔记　191

结　语　198

A warm atmosphere

序章
温暖的氛围

什么样的人才是会交流的人

一听到"交流达人"或是"会说话的人",你会想到什么样的人呢?

知识丰富,能够滔滔不绝话题不断的人。

思路清晰,说话条理清晰,受周围人尊敬的人。

这是我刚做主持人那会儿,对上面这个问题的答案。因此,我也努力把各种知识一股脑地往脑子里塞。为了在被别人问到的时候能够给出一个像样的回答,我总是憋足了劲儿地做准备。一心想着要把更好的自己展现给别人看,却不曾料到会在节目当中弄出了很多紧张的场面。

然而,随着跟嘉宾们进行实打实的交流,在制作节目的过程当中,有那么一个瞬间,我突然意识到"交流达人"其实并不是我想象的这样的。

有一次现场直播结束以后,工作人员过来对我一番夸奖:"今天与嘉宾的讨论,推进得很好。"连我自己也觉得确实是比预期产生了更好的效果,我给自己当天的表现打了及格的分数。而这一次谈话,正是我和嘉宾都感到"放松"的一次谈话。

做到不紧张,能够跟平时一样说话。

能够把"今天我想谈谈这个话题"的想法准确地传达给对方。

谈话对象也能够放松地说话,并且倾听了我的发言。

如果在谈话中有了这样的感受,自然而然就会产生希望再次见到对方的心情。

也就是说,"交流达人"是那些能够让对方产生希望与之再次见面念头的人。不管是初次相逢,还是旧友故知,能否让人觉得"跟这个人的谈话很愉快""下次也想见面再好好聊聊",这才是至关重要的关键点。

"温暖的氛围"是促使下次见面的催化剂

那么,"希望下次还能再见"这种心情从何而来?

你会在什么样的状况下产生这样的想法呢?

比如说,对方在你想要了解的领域里有着丰富的知识,双方有着共同的兴趣爱好,谈话能够直接让你受益的时候,你也许就会产生这样的想法。不过在我看来,最首要的决定因素,还是在于双方交流时所产生的"温暖的氛围"。

所谓"温暖的氛围",是指能让人心神安定、气定神闲的气氛。就好像星期天的午后,跟自己家养的小猫或小狗一起在屋檐下躺着晒太阳的时候;或是去泡温泉,身体浸泡到温泉里，全身的毛孔一瞬间全都打开，不由自主深深地吐一口气的时候。

把对方的不安、疑虑、紧张都一一消除，营造出让对方觉得舒适，打心眼儿里想要说话的氛围，才是让交流成功的秘诀。

这一切都跟是否能够让对方感受到这种氛围息息相关。

能够营造出让人觉得舒适的氛围，才是将谈话技巧做到了极致。

于我而言，在现场直播开始之前，从跟嘉宾见面起，这个营造氛围的工作就开始了。从交换名片、开十分钟左右的碰头会、进入直播间、嘉宾入席，到直播开始，再到节目当中，一点点拉近与嘉宾的距离，让嘉宾逐步适应。在到直播结束为止的有限时间里，我一直把精力放在如何让嘉宾敞开心扉来交流这件事情上。

节目结束以后，有的嘉宾会对我说："哎呀，原本没打算谈这些事情，但是被小西女士一问，今天就不由自主全给倒出来了！"这样的话是对我最大的赞誉。

那是因为，能让人畅所欲言的氛围已经完全建立起来了。作为主持人，这是我最期待的理想状态。

与之相反的是，也时不时会出现类似下面这样的失败案例。在对方还没有完全融入谈话环境的情况下，却因为着急而冷不防就提出直截了当的问题。

在商务会谈时，明明对方还没有完全放松下来，就急不可耐地询问诸如"那件事情考虑得如何了？"这样敏感的问题，导致谈话气氛一下子变得冷冰冰。这样的事情，你也曾遇到过吧。

我从这一类的失败当中懂得了一个道理："谈话一旦冷场，弥补就需要很长的时间。"

提升倾听能力的两大技巧

那么，在谈话中使对方感到"舒适"的具体技巧都有哪些呢？

左思右想之后，我悟出来重要的一点：使谈话的气氛热烈起来的关键因素是要倾听对方的谈话。

无论如何都要好好倾听对方说的话。

"就是听人说话吗？我一直都是这样做的啊！"也许很多人都会这样想。其实不然，事实上是很多人都没有真正做到认真倾听别人说话。

而且即便是自己觉得在认真听，对方说的话自己也理解了，但说话的人是否也这样认为，那就是另外一回事了。

如果把"我在认真地听你说"这个信息在适当的时机以恰当的方式传递给对方,那么对方也会从心里觉得满足。

能够让对方感受到你正在认真倾听他说话,这才是真正的"倾听的能力"。

磨炼"倾听的能力"不可或缺的技巧主要有两个:

"使气氛融洽的语句"与"求知若渴的态度"。

对大多数人而言,单方面滔滔不绝的话语会让人觉得乏味。

其实,说话的人对听众是否对自己讲的内容感兴趣是有点惴惴不安的。正因为如此,谈话的过程中加入一些"使气氛融洽的语句",一边理解对方所说的话,一边自然衔接起自己想说的,这样就能让与我们谈话的对象觉得安心。

"融洽气氛"其实就是说一些诸如"我正听着您说呢"这样表明态度的话语,并不是什么很难做到的事。

"原来是这样""对、对""没想到啊"之类的附和对方的话语也可以。

又或者是,哪怕什么话都不说,只是在倾听对方的发言时深深地点一点头,这个动作也能成为使气氛融洽的工具。

谈话的质量会因为在谈话中使用这些融洽气氛的语句而产生大大的改变。

我们常常不知不觉只顾着说自己想说的,对别人的话充耳不闻;或是动不动就打断别人的话,只问一些自己感兴趣的事。这样的做法只会让对方感觉到"跟这个人说了也无趣",于是谈话就草草结束了。

"求知若渴的态度"也可以换句话说,就是"对对方及对方的话感兴趣"。

也就是说,对对方所说的任何话题都抱有兴趣,有愿闻其详的态度和思想准备。

打个比方,若是对方谈起你不知道的事情,如果你仅仅回应说"这事儿,我可不知道",话就不好谈下去了。

"这事儿是怎么回事?"

"这事儿具体是说什么的啊?"

"请您告诉我这是怎么回事儿呢。"

像上面这样以积极倾听的姿态来参与谈话,才是使话题延续的关键。

对方是否对自己说的话感兴趣,对方是否在认真倾听,在谈话中其实是谁都会心知肚明的事情。只要把"我对你说的感兴趣"这个信息传递出去,说话的人也会产生"那我就再多说一些"这样的心情,谈话也就自然而然顺畅起来,双方都会觉得谈得起劲儿。

话虽这么说，但谁也难免都会有提不起兴趣的时候。这时，若对方是重要的客户，你必须得配合对方的话题，让他觉得心情愉快，那该怎么办呢？接下来我就具体谈谈这样的情况。

首先，我来说说大多数人都不太擅长的在"初次见面"的场景中马上就能活学活用的谈话技巧。其次，我来谈谈作为谈话类节目主持人，在实践中积累起来的交流技巧的最重要环节——如何打磨"倾听能力"。最后，再来说说能够让场面活跃，自己想说的内容也能成功引起对方兴趣的"表达能力"。

将人生中的每一次邂逅，都发挥出几倍乃至几十倍的价值，让你的人生更快乐而充实。

此书谨以此为念，尽可能地以浅显易懂的讲解方式来助您一臂之力。

A warm atmosphere

第一部分

三秒抓住人心的方法

面对初次见面的人，该怎样打招呼才好呢？

想要跟刚认识的人拉近距离、消除隔阂，该选什么样的话题呢？

就算自己不是特别容易害羞的人，也曾有过这样觉得困惑的经历吧。

我跟来参加节目的嘉宾们差不多都是头一次见面，而且从见面到直播节目正式开始，这中间最长也只不过有十分钟的交流时间。有的时候甚至还会有等嘉宾在直播间落座，再来交换名片，然后直接进入实况直播这样的情况。

如果双方都很拘谨，可录不出什么好节目。

不管是面对什么样的谈话对象，怎样做才能迅速消除紧张气氛，让谈话顺畅地展开呢？我将自己在无数次失败当中学到的关键点分为三个部分，给大家一一介绍如下：

给人积极的第一印象

用跟对方的共同之处来拉近距离

用心做好自我介绍

打造积极的第一印象，举例来说，比如在递交名片时不仅是单单递上名片，还辅以简单的一句话问候。递交名片时的表情、仪容仪表，这些小细节也都不容忽视。

在我有幸访谈过的嘉宾里面，给我留下特别良好的深刻印象的人，都是那些从一见面就很积极正面的嘉宾。

接下来，能够与初次见面的人拉近距离的好办法就是找到双方的共同点。想办法找到哪怕一点点的共同之处，再组织语言把这个点好好发挥，这之后的交流就会很不一样。

再来说说自我介绍。做自我介绍并不是像说流水账一样仅把自己的个人履历说一遍，关键是要在自我介绍的内容里埋下之后能引发进一步谈话的各种谈资。

下面我们就赶紧来谈谈迅速消除初次见面的紧张与隔阂的秘诀吧。

交换名片时，
用足三秒致谢

交换名片的时候，在介绍自己是"某某公司的某某某"之后，一定记得试着加上几句简短的问候。

"非常荣幸见到您。"

"听说您是特意从××过来的呢。"

"我一直期待着能有幸听您讲话。"

像这样的一些句子都是三五秒钟就可以表达出感谢的语句。

当然每次实际情况会有所不同，不过看着对方的脸问候的那一瞬间，也就是说，跟对方交换名片时认真看对方递过来的名片，最后把头抬起来面对面看着对方的那一刻，至关重要。

向对方在百忙之中抽时间和自己见面表示真诚的感谢,并将这种感谢的心情通过笑容表现在脸上。看到这个没有人会觉得不开心。

初次谋面的场合,必须要做到"绝不从不愉快开始"。

"这个人看起来好像不好对付啊""好像性格不太开朗呢",像这样在心里揣测初次见面的人的性格,也会让自己不由得感到紧张,其实对方也会有这样的心理。"绝不从不愉快开始"的意思,换句话说就是要把会面变成从一开始就尽可能地缓解对方的紧张,让对方觉得放松的会面。

另外,交换名片的场景,也是抓住谈话线索的大好机会。

名片上写着自己的名字、公司名称、公司所在地、自己的职务职位,包含着这么多信息的名片,正是能聊上十分钟的"闲谈资料的宝库"。我也经常这样有效利用名片提供的信息来创造谈话的话题。

此时此刻最重要的就是你的笑容与向对方表示出尊重。

只要是发自内心的谈话,什么样的内容都是好的。

不过,若是这个闲谈聊得过长,就会影响正式会谈的时间,搞不好还会给人留下一种刚见面就谄媚奉承的不良印象。因此,在跟人初次见面的情况下,见面之前先把只需三秒钟就能向对方表达感谢的措辞考虑好。

这一点非常重要。平时多下功夫准备一些不同场景的应用也是良策。"如果是这位的话,用这样的方式来做三秒钟的开场吧。"你也试着像这样在与人会晤之前做好准备吧。

> 交换名片时,要用心传达自己的心情。

用比平时多三分的
笑容去打动对方

初次见面时的笑容，要比这之后的每一次都更具有打动人心的力量。

从心底发出的微笑，能增加对方对你的亲近感，并且能让交流朝着顺畅的方向发展。

我自己在还不太熟悉对方的情况下，也曾有过冷场的经历，心里想着"怎样做才能缓和尴尬的局面"，眉头早已拧成了一团。

而在听到初次谋面的嘉宾带着满脸笑意的问候之后，现场的气氛就像被施了魔法一样温暖起来，这样的经历也不在少数。

第一次见到职业高尔夫球手青木功先生时，他美好的笑容就给我留下了极为深刻的印象。

在现场直播之前，我怀着紧张的心情去青木先生的休息室拜访他。青木先生笑吟吟地对我说："待会儿做节目的时候可就拜托你了啊！"仅仅是简简单单的一句话，却让我顿时觉得与他亲近了很多。

在进入直播间的时候，青木先生面对着众多在场迎接他的工作人员，环视四周同时面带笑容跟大家打招呼："今天拜托各位了！"在场的工作人员也都纷纷绽开笑颜，直播室的紧张氛围一瞬间就烟消云散。

扬起嘴角，保持微笑，我们来练习一下简单的问候语：

"你好！"

"请多关照！"

也许自己会觉得做作，其实从他人的角度看来一点儿问题都没有。要知道人一紧张，肌肉也会变得僵硬。

有"比平时多三分"的意识，就能成就恰到好处的笑容。

还有一点，要记得从自己做起，自己要先微笑。

面对向自己微笑的人，人们都会不由自主地放下戒备心，亲近感与信赖感也油然而生。笑脸真的可以称得上是一把一下子就能打开人心的魔法钥匙。

用比平时多三分的笑容去打开对方的心灵之门吧！

> 初次见面时的笑容能消除对方的戒备心理，产生亲近感与信赖感。

事先调查好与对方
是否有共同之处

跟初次见面的人谈什么话题好呢?

如果可以事先拿到对方履历之类的信息,稍做一些事先的调查和准备,往往能更顺畅地进行谈话。

关键是从这些信息当中"找到自己与对方的共同之处"。

有时候从自己完全不了解的话题开场,完全不知道如何作答,谈话就很难继续下去。若是能事先做好功课找到谈话双方的共同点,就会产生"虽说是头一次见面却很有缘"的心情,谈话的氛围也会变得积极起来,双方的紧张都能得以缓解。

籍贯、学习及工作的履历,都是找共同之处的好素材。如果有介绍双方认识的熟人,先打听一些信息也是个好办法。比如"他特别喜欢打高尔夫球"这样的兴趣爱好谁都知道,即便是初次见面就谈起这个话题,也不会失了礼数。

最不会失败的话题就是谈籍贯。

"您老家是××吧,我两年前去那里旅行过,那里的菜真是什么都很好吃啊!真是个好地方。"

诸如此类的开场白,**一定要加上正面评价的感想**。没有谁会因为被别人夸赞了老家而不高兴的。

当然也存在事先没打听到什么有用的信息的情况。这种时候名片就是重要的信息来源。交换名片时看一看对方的公司地址,如果是自己曾经去过的地方,说出来也能帮助拉近与对方的距离。

"我有客户就在您公司附近,那边我经常去。"

"哦,是吗?"

"在公司你通常去哪里吃午饭?那附近的××店,很有人气啊,老是看见有人在排队。"

"对,对!那儿的东西确实挺好吃。不过其实也还有比那个店更好的地方。"

"啊,是吗?那可得请您告诉我!"

像这样的"相同的经历"也能成为双方共同之处。去过同样的饭店，喜欢同样的食物，诸如此类的具体话题接二连三地冒出来，能让谈话越谈越起劲儿。

在谈话中发现共同之处的瞬间，该做出什么样的反应也是非常重要的。

举个例子，比如一听到对方说是大阪人，马上就以"啊！是吗？！大阪！我也在大阪的梅田分社工作过呢！"这样略显夸张的语气回应也没有什么问题。毫不隐瞒地将找到与对方共同点时的喜悦传达给对方，是非常有效的。

不过，要是又将话题继续延伸到"您是阪神棒球队的粉丝？啊！我也是！"这样的话题上，热烈过了头，半天回不到正题上来的话，那就是本末倒置了。如果有必须得先谈的正事儿，那就将闲聊的话题放一放，"待会儿忙完了我们再来慢慢聊这事儿"。

另外，注意留意对方的皮包、领带、手机壳等个人用品，这些也都是收集信息的好方法。之所以这样说，是因为这些平常使用的日常用品，往往最能反映出个人的喜好。

顺便提一句，我的手机壳是豹纹的，要是碰上谁也有带豹纹的日常用品，毫无疑问情绪一下子就会高涨起来。

事先收集的信息、名片、日常用品，只要对这些多加留意，就算是头一回见面，也一定能出乎意料地很快就找到双方的共同之处。

第一次碰面时的谈话，应当从"双方共同点"入手，而不是"相异之处"。

为了打开彼此的心灵之门，多找双方的共同之处。

找到和初次谋面的人的共同点，辅以正面的感想并传达给对方。

自我介绍离不开"好段子"

我想,跟人初次见面时不会做自我介绍的人不在少数。

在商务会谈时跟头一回见面的客户做一对一的自我介绍,或是因为人事调动需要在新部门的很多人面前做自我介绍,这样的场景在生活中比比皆是。

特别是在聚会等社交场合需要"按顺序做自我介绍"时,在话筒传到自己手里之前,就已经紧张到心神不宁,不知道自我介绍说什么才好。这种情况也会有吧?

因为我也是个容易紧张的人,所以非常明白这种感受。

为了克服这种紧张心态,我准备了两三个在什么场合都能用得上的"段子"。

虽说是"段子",但我们并不是职业的搞笑艺人,所以也就没必要追求搞笑。同样也没必要说很长或是找一些特别的话题。

把自我介绍的难度放低是关键所在。不用刻意强求把话说得多么完美。

最重要的是"要把听众放在第一位"。

重要的不是自己想说什么,而是根据对方成员的结构以及年龄段,多准备几个可以区别使用的段子,会觉得放心不少。

比方说对方是和自己的父母差不多年纪的人的话,我会这样做自我介绍。

"我叫小西美穗。老家在兵库县的草加市,家里是开米店的。我父母希望我能像美丽的麦穗儿一样茁壮成长,所以给我起了美穗这个名字。"

仅仅说上面这些,就会让父母辈的听众表情松弛下来,一边听一边点头表示赞许。他们肯定是在听的时候也自然地想起了自己的孩子或是孙子的名字的由来吧。

在听众中,找到那些面带和蔼笑容的听众并与他们四目相视,能够有效地缓解自己的紧张情绪,接下来的话说起来也就更容易。准备好谈话中能用的"段子",对"让自己放松"大有裨益。

说话的人用这样的方式,做"展示与听众的共同点并做到目光接触"的自我介绍，转眼之间就能拉近双方的距离。

在刚才的自我介绍中，我向听众们传达了自己来自兵库县，生在商人家庭，以及我名字的来历。在此之后如果还要参加宴会的话，我还可以接着说："因为是米店家的孩子，我可是真的爱喝大米酿的日本酒啊！"这样就又可以把谈话过渡到有关酒的话题上去了。

在实际的经历当中，有一次参加在日本工作的外国外交官的宴会，在我做了自我介绍之后，有一位外国的外交官先生说起自己的太太也叫美穗，谈话就自然而然热闹了起来。

周围的人也因此得知这位外国外交官的夫人是日本人，这便又成为大家谈论的新话题。

除了谈及自己名字的由来，加入一些和自己的经历、兴趣爱好等与自身密切相关的信息也不失为良策。关键在于，有意识地加入一些能使之后的谈话变得更顺畅的关键词。比如说像下面这样的自我介绍：

"我非常喜欢旅行，迄今为止去过三十多个国家和地区。我觉得有很多值得推荐的地方，要是您有兴趣，那我就讲给您听。"

"我的爱好是到处品尝美食，我知道很多好吃的东西，还有一些一般人都不知道的好店，您要是想知道，我就偷偷告诉您。"

在上面的例子中出现了"旅行""美食"等关键词,用这些大家耳熟能详的话题埋下伏笔,这之后在座的人就更方便接话,谈话也就格外容易进行下去。

"您说您去过很多的国家,那么您觉得这里面最值得推荐的是哪儿呢?我现在也正考虑着今年去国外旅行。"

"请一定告诉我您推荐的地方!每次都为考虑接待客户的饭店而大伤脑筋。"

像上面这样对方也很容易接上话的话题,聊起来就会格外顺畅。

初次见面的时候,提供一些能创造话题线索的关键词是非常重要的。

如果是在自我介绍当中出现的关键词,展开话题就会简单一些,轻轻松松便开始谈话。

把自我介绍的关键词准备好,就能安下心来等着话筒轮到自己,还能好好听听旁人说些什么,并从中发现更多可用于谈话的好素材。

自我介绍离不开"好段子"!

能跟对方的自我介绍相配合的好段子,我也建议大家准备几个。

> 在自我介绍里加入容易成为之后谈资的关键词。

"笔""领带""徽章"
是破冰的三大法宝

男性的随身饰品里,往往藏着一些意想不到的故事或讲究,这些都能转化成效果很好的闲谈好素材。

这些年我积累了与很多知名人士初次会面闲谈的经历。在这当中作为谈话素材的引子的随身物品,不外乎以下三种:

"笔"、"领带"和"徽章"。

我认为这三种随身饰品,可以称得上是跟男性尤其是年龄大或是社会地位高的男性,初次见面时谈话破冰的三大法宝。

通过节目我得到了很多与公司经营管理者谈话的机会。他们都是连几个月后甚至更远的日程都安排得满满当当的大忙人。我与他们的会谈也都是双方头一次碰面。

因为嘉宾们都是在百忙之中抽出时间来参加我们的节目,机会特别珍贵,所以在"一招定胜负"的直播节目里,需要做到尽可能迅速地使谈话气氛热烈起来，最大限度地发挥出嘉宾的个人魅力，谈出好的话题来。

也就是说，要在节目中尽可能快地营造出适合谈话的"融洽的氛围"，这是我的工作使命所在。

这时候能帮上忙的就是上面提到的三大法宝了。

某一次的采访嘉宾是一家著名企业的经营管理者，我发现在他胸口的口袋里插着一支不同寻常的圆珠笔。

一般来说，大老板们大多会佩戴一些风格稳重的高级名牌饰品，但是这位嘉宾口袋里的笔却看起来像"关东煮的竹签"那样细，是一种银色的平常不多见的笔。我感觉到这支笔一定有什么讲究，所以在直播开始之前，我决定来问问看。

结果得到了这样的回答："跟牌子什么的没有关系，我选那些尽可能细的笔，我很爱用这种。又轻又不占地方，而且好写，非常方便。"从他的回答中我窥探到他排斥浪费、从合理有效的角度看待事物的经营理念。理解这一点，对之后的访谈有很大的帮助。

这三大法宝中，尤其是领带，更是话题的宝库。熊本熊、星球大战、历代美国总统的速写头像，嘉宾们佩戴的领带各式各样，数不胜数。"领带的颜色一定要跟公司品牌形象的颜色保持一致"，这样说的企业老板不在少数。可以说领带是集中了男性的各种讲究的一个代表饰品吧。

此外，徽章（或胸针）也需要多加注意。

节目嘉宾里曾有一位"铁路迷"大学教授。每次与他会面的时候，他都佩戴着各种各样的电车或新干线造型的徽章。

我们的谈话总是以"今天您戴的是什么列车的徽章？"开始。有一次在以东京都小池百合子知事的行政改革为主题邀请他来做节目嘉宾，他佩戴的是东京都运营地铁的车辆徽章。为了切合主题而特意选择徽章这一点，可真是让我们惊叹不已。

教育评论家尾木直树先生也曾多次出席BS日本电视台"日本的大疑问"这一节目。每一次出演，尾木先生都会佩戴非常棒的胸针，而且胸针的风格根据当期节目的主题而定，沉重的话题，或是明快的话题，佩戴的胸针都不一样。我们能从中感受到尾木先生对观众朋友的尊重和关怀。

大约是在五年前，我第一次有幸见到了来做嘉宾的尾木先生。

那时候听说尾木先生还只收集了几百个胸针，现在已经增长到上千个了。尤其是据说能给人带来幸福的猫头鹰造型的胸针，尾木先生就有很多个。

以上列举了很多男性的随身饰品的例子，如果谈话对象是女性，那么项链、胸针、围巾之类，以及戴在头部的首饰都值得好好留意。也经常会有一些对日记本的封皮或者装名片的盒子很讲究的嘉宾。

值得注意的是，没有哪位嘉宾会自己主动谈起他们给这些随身饰品所赋予的含义。

虽然他们都是根据当天的情境，以及考虑到谈话对象等方方面面的因素而选择的这些配饰，但从没有嘉宾会自己特意提起这个话题，说"我戴着这个"或是"因为这个原因我今天戴了这个"。

正因为如此，如果由我们来提这个话题，会让嘉宾高兴地感受到"他们注意到了我是用心准备的"，进而产生"迅速生成的融洽的氛围"。

这一招具有"不问不知道，问了真美妙"的绝佳效果。

试着问一问对方关于随身饰品的事情。

初次见面时的闲谈，

备好闲谈时能用得上的"自己的三大最爱"

很多人都不知道闲谈时该聊点儿什么。

聊着聊着就没什么话可说,大家都陷入沉默,气氛也变得尴尬……甚至有人会慌里慌张、不知所措。有过这样经历的人应该很多吧。

我有过跟各种年代、各种职业的人在采访或者宴会的时候聊天的经历,但因为大家价值观、生活方式也各式各样,我也常常为找共同话题而大伤脑筋。

因此,得事先在心里预备一些不管遇到什么样的人都能用得上的闲聊的谈资。

事先在旅行、吃的东西、喝的东西当中,确定每个主题里的"自己的三大最爱"。

"旅行、吃的、喝的",若要说这个时代谁都能聊得起来的话题，这三个绝对算得上吧。过去上班族都爱的是雷打不动的棒球话题，现如今不看棒球比赛的人也多了起来，更何况原本就对棒球话题不感兴趣的女性也不在少数。不看电视的人也多了起来。政治经济、时事热点，也不是跟谁都能聊的事儿。

因此，事先准备好谁都容易感兴趣的"旅行、吃的、喝的"这三大主题当中"自己的三大最爱"：

- 迄今为止去过的地方当中最值得一去的三个地方

- 去过的最好吃的三个餐厅

- 三种自己最爱喝的酒

当然没必要一开始就自己把这些全部说出来。最多也就是作为"共同话题"的引子，根据对方的反应，慢慢地将话题展开，以营造谈话的氛围。

利用上班途中的短暂时间，好好想一想自己心里对这些项目的排序，记在手机里也是个好办法。因为手机走哪儿都会带着，能够随时更新，必要的时候也可以把记的要点拿出来参考。

如果要更进一步谈谈还有什么秘诀的话，我喜欢跟那些已经稍微熟悉起来的谈话对象聊聊"弥留之际最后一次晚餐想吃什么"这个话题。

从这个话题里能问到一些关于对方的价值观、成长经历、饮食爱好等方面的逸闻趣事，能将话题进一步深入，谈话也能谈得长久。仅仅只是问问"最后的晚餐"这个话题，我感觉跟谁都能把谈话热烈地聊下去。

在某次宴会上，我问了一位大企业的经营管理者这个问题，他回答说："人生的最后一顿饭，我想吃饭团和味噌汤。"

"那您想要吃哪种馅儿的饭团呢？"

"嗯，那必须得是放梅子的饭团啊！"

"为什么呢？"

"因为我母亲给我做的从来都是只放梅子的饭团啊。"

谈话进行到这一步，就是深入话题的大好机会了。

这种时刻，绝不能说"梅子吗？我喜欢放海带的饭团"这样的话。

难得谈话中出现了"我母亲给我做的饭团"这样的关键词，应该接着关注一下对方有一位什么样的母亲，以及小时候吃过的饭团的味道和回忆之类的事。

因为对方有能聊的话题，而且能聊出一些意料之外的有意思的逸闻趣事，自然而然也就会产生"有机会下次再见"的想法。

顺便提一句，"最后的晚餐"我想吃的是什锦烧。

作为闲谈的谈资，先把"旅行、吃的、喝的"中的每一项都想好自己的"三大最爱"。

不要成为"否定大王"

在宴会上的闲谈,很重要的一点是不要从"否定意见"进入话题。

您身边有没有下面这样的人?

餐厅的菜刚端上桌立马就说:"不怎么好吃啊。"

刚喝一口咖啡就说:"温突突的,不够烫啊。"

一出门碰见下雨就发牢骚说:"什么天气预报,完全不准嘛。"

这些人都是不管遇到什么情况都会条件反射一般只说否定意见的人。我把这样的人叫作"否定大王"。

不多加注意的话,我们自己搞不好也会成为"否定大王"。举例来说,在聚会上加入大家谈话的时候,你有没有像下面这样说过话啊?

"今天的会场离车站可真够远啊！"

"拿东西吃的时候，还非得排队啊。"

"演讲太长了，都听累了。"

虽说这些都是当时情境下一想到就随口一说的闲话，但其实这也都是"否定大王"会用的台词。"离车站远""被要求排队""听得累"，这些都是在寻求对方对自己的消极意见表示赞同。

听到这些话的人，虽说心里并没有这样觉得，不过碍于在聚会这样的社交场合，也不想给说话的人不愉快的感受，因此强求自己附和对方，心口不一，最终也只能留下"和这人没能交心"的感觉。

在聚会或是宴会这样的场合，头一次碰面的人是一个接着一个，话也没办法谈很长，这种情况下不适合提出一些搞不清对方立场的问题。

首先用笑脸投石问路，聊一些能让对方做出肯定回答的话题，尽早消除初次见面的隔阂，才是最重要的。

"最近的天气感觉春天真的来了啊！"像这样由天气的话题开场还不错吧。

"真盼着××的樱花早点儿开呢！"也可以像这样展开

话题。

"今天好多人啊！不知道一共来了多少位呢。"像这样由数字问题开场，顺带着做个自我介绍，将话题引到与主办方的关系上面，也是个不错的选择。

在聚会上，保持微笑，从双方都能给出肯定意见的正面话题开场。

拉近与会者的心理距离，才是聚会这种社交场合原本应有的功效。

否定大王只会把好不容易在社交场合遇见的人的距离越推越远。

用能够让人给出肯定意见的正面话题来消除初次见面的隔阂。

得体的服饰也是谈话成功的重要因素

在跟人谈话的时候，与谈话的内容相比，我们更多的是通过自己的眼睛获得更多的信息。这种方式也被称为"不用语言的交流"。

当你觉得跟对方怎么聊都聊不起劲儿，事实上有可能是在你没察觉的时候，已经在服装、仪容仪表等方面吃了亏。这样的事情并不少见。

特别是初次见面的情况下，彼此了解有限，一眼看上去是什么样子就会给人留下什么样的印象。人们观察你的时候，其实比你想的还要细致入微，所以非常有必要整理好自己的仪容仪表。

就拿我来说吧，我也曾经被电视观众就我在节目中的穿戴提出过严肃的意见，为此我做出了深刻的反省。

"主持人的胸针戴歪了，一想到这个我就没法儿听嘉宾在谈什么。"

"上衣的衣领向左边歪着，我一看电视画面就只看见这个。"

"项链没戴好，不好看。"

在电视节目里，尤其是衣服或是装饰品的左右有偏差的话，往往会让人觉得看起来别扭。

作为主持人，我的本职工作就是发挥出嘉宾的魅力，让嘉宾闪闪发光，让谈话热烈、有感染力。但如果由于我没能整理好自己的仪容仪表，而使观众不能集中精神关注嘉宾的谈话内容，那么对特意来参加访谈的嘉宾也好，对收看我们节目的观众也好，我这样做都是非常失礼的。

此处观众所提到的"不能集中精神看节目"正是问题的关键所在。

就算你觉得好不容易让谈话活跃起来了，实际上观众却由于这些跟谈话内容本身无关的仪容仪表的细节而分心，导致听不进去。这样的事情真是让人觉得十分惋惜。

在仪容仪表当中最应当多加注意的部分是手。

换句话说，最招人注意的部分也就是手。

指甲脏了，没有修剪指甲，涂的指甲油脱落了，或是戴着不合时宜的戒指，染着不合场合的指甲油，诸如此类的问题。

在谈话过程中，人们有时候会移开视线，将目光落在对方的手上。男性气概、女性气质，也往往从手体现出来。正因为如此，手常常会被人细看。然而就算知道是这样，人们也常常会对手掉以轻心。

因为手是人们容易注意到的部位，所以平时对手的护理就能说明很多问题。

有一次，邀请一位政治人物来做嘉宾，我发现他有一双让人觉得意外的非常完美的手。他的指甲像闪着粉色光芒的樱花贝壳，形状修整得很棒，手指周围的硬皮也护理得很干净。在节目录制结束之后，我不由自主地赞叹道："您的手护理得真棒啊！""对，我会护理自己的手。"他这样回答的时候，脸上的表情也放松了不少。

这是我对这位以不好相处而闻名的政治人物的印象发生些微变化的一次亲身体验。

跟手同样需要多加注意的另一个部分是衣领的周围。

因为衣领周围会跟人的脸一起同时映入对方的眼帘。领带系歪了，项链戴得左右不对称，衣服上粘有垃圾或者线头，哪怕是察觉到一点点的异常，也容易让对方注意力不集中。

除此之外，大家有没有碰到过类似下面这样的情况？

乍一看感觉这人非常注重仪容仪表，但当他一拿出手机，却发现他的手机屏幕都快碎掉了。同样,看起来穿得仪表堂堂,会议中从公文包里拿出资料的时候,却发现他包里的东西放得乱七八糟。

听到这儿就马上想"我可是很注重这些的,一定没事儿"的人,稍不注意说不定就会出差池呢。

作为和人会晤之前的良好习惯,请试着检查一下自己的手、衣领周围和随身物品。

不注重仪容仪表,有可能会使对方无法集中精神听你说话。

女性有一个会表达的"下巴"

指导表演的老师曾教过我,女性下巴的位置对外貌的影响非常大。说得再极端一点,就算是大家公认的美人,也会有没摆好下巴的位置而看起来不美的时候。所以说下巴是个处理不好就会很影响形象的部位。

我想起一件事来。我曾经观察过演绎日本舞蹈中女性角色的男演员,我注意到那位演员下巴的动作是既柔美又流畅的。

把下巴的位置摆好,就能给人柔和、高雅的印象,这一点应该是毫无疑问的。

虽然我说起来一套一套的,其实在我回看自己主持的节目的录像时,也会常常因为看到自己没做好而感到泄气。

在谈话中容易进入他人视线的是我们的侧脸,而我却有一认真听人说话,就会一边点头一边不自觉地扬起下巴的毛病。这样的姿势很不好看,让我觉得不好意思到想要挖个地洞钻进去……不过虽然我感觉到灰心失望，转念一想"好不容易意识到这个问题，正好可以努力改正过来"，于是就又打起精神。

和人说话的时候，如果把下巴扬得过高，会给人一种傲慢的印象，但若是把下巴收得太厉害，又会导致双下巴的悲剧。

伸直脖颈，适度地收起下巴，在镜子前反复确认自己看起来最好看的姿势，记住此时此刻身体各部位的平衡感，争取达到面前没有镜子的时候也能够再现这个姿势。

除了努力反复练习，没有别的捷径可走。

我下意识地想要打造的形象是"从下巴到脖子、肩膀、锁骨的整体线条像流水般自然"。

因为我认为这是女性特有的身体表现，所以我会留心一直这样做下去。

有意识地打造美丽的下巴线条，在面试或者摄影的时候也能够派上用场，请一定记住这一点。

找到面部姿态中下巴的最佳位置。照镜子的时候，

专题一
消除紧张的方法

不要刻意强迫自己镇定

我一直重复不断地在跟大家说，如果想打造出让人"还想下次再见"的谈话，那么融洽的氛围，也就是在谈话中让人放松的感觉，是必不可少的。要想让谈话对象放松下来，自己也得先放松才对。自己越放松，才可能更深入地倾听别人的谈话，也才能更沉着地表达自己想要说的内容，那些因为想要遮掩自己的紧张而不自觉会冒出来的小毛病才不会出现。

不过，无论是谁都会有感到紧张的时候。

心怦怦直跳，大脑一片空白，手心出汗……过度紧张，自己都觉得自己和平常不一样。这种时候千万不能强行要求自己放松，因为一般来说越是这样想就会越发紧张。

我给大家分享一下我的失败教训，那一次是首相安倍晋三作为嘉宾出席节目的时候。

演播厅比平时用的大很多，以电视台高层领导为首的很多跟节目相关的人都来到了演播厅，节目规模与平时比起来也大了很多倍。单凭这些就足够让人觉得紧张了。

节目即将开始之前，我在休息室里做准备，偶然经过同事的办公位，听见同事对我说："小西，你的脖子好红，节目做完了记得去皮肤科看看啊。"

我赶忙去洗手间照镜子看了看，结果吓了我一大跳。

虽说并不是患了皮肤病，不过从脸到胸口都是红通通的。紧张得好像嘴巴一张开，心脏就会从嘴巴里蹦出来。心跳加速，面红耳赤。

脸上的红晕还能勉勉强强扑粉盖住，可是脖子以下怎么办……这下可真着了急。越着急，心跳就越快，我只好像念经一般不停对自己说"冷静、冷静"，可是一点儿用也没有。

这一天虽说是以这种状态开始了节目的录制，但总算是没有酿成什么大错，好歹把节目做完了。通过这次经历，我从中得到了该怎样做才能克服紧张的教训。

人之所以会感到极度紧张，是因为在对待重要工作的时候有以下这样的心理活动作祟。

"想比平时得到更多的肯定。""想获得高度的评价。"

"想要做到完美。""想把不足之处隐藏起来。"

043

连做都还做不好，却处处要求完美，这实在是自己给自己施加了太大的压力。

从这次亲身经历里我悟出了一个道理，人越是一个劲儿地叫自己冷静其实越是冷静不下来。

自此以后，我不再刻意考虑"冷静"这事儿，而是把精神都放在调整"呼吸"上。后面我会详细介绍这样做的方法。

为了把明明紧张怯场却还在追求完美表现的自己彻底打败，我还故意在节目一开始，在向嘉宾打招呼的时候，用比平时更显得轻快的口吻。这样做也取得了有效地缓解紧张的效果。

举个例子，"今天我们把安倍首相请到了演播厅。有很多人来参加今天的节目，气氛也跟平常不大一样。"那天我用跟平时的风格不一样的、更浅显易懂的话做了开场白。

在遇到令人非常紧张的场面时，倒不如坦白说出"我也很紧张"，这也是个好办法。

就如同充满了整个房间的紧张空气突然找到了发泄的出口，气氛会变得轻松起来。

在与人交流当中，保持自身的放松状态真的是非常重要。

为了达到这个目标，不要去想要做得多完美，给人看自己有多棒，反而是以比平常更松弛一点的状态开始才刚刚好。

注意气息,"四秒钟吸气,再用八秒钟慢慢吐出来"

能够缓和紧张情绪的特效方法,是调整自己的呼吸。

吐气时比吸气时更集中精神,据说这样会使放松的效果大增。

这种呼吸方法是日本自主神经研究的最高权威、顺天堂医学部教授小林弘幸先生教给我的。呼吸包括吸气和吐气,但"重要的是吐气"。

之所以这样说,是因为自主神经的感应器在颈动脉,也就是在脖子的部分,吐气的时候会对这个部分产生作用。与吐气的动作同步,自主神经也能够得到安定。

"不要想太多,用鼻子吸气四秒,然后噘起嘴巴慢慢地用八秒钟把刚才吸入的空气再吐出来,会很有效。"听小林先生这样说以后,我在演播厅等待节目开始之前一直坚持这么做。

"用鼻子吸气四秒,用嘴巴吐气八秒。"

反复做这个动作,吸气的时候身体保持自然的状态,吐气的时候要集中精神,把吸入的空气再一口气吐出来。

用比吸气时多一倍的时间再把气慢慢地吐出来,说的就是这个意思。

对我来说,比起四秒钟的节奏,"三秒钟吸气,六秒钟吐气"更让我觉得舒服。在直播前我总是这样调整呼吸，真的只要坚持一分钟就能觉察到不同。通过这样的呼吸法，我感觉自己的内心得以平静下来。

在橄榄球世界杯赛上大显身手的五郎丸步，其射门之前独特的习惯动作成了热门话题。

据小林先生分析，那个习惯动作应该会有调整呼吸、安定自主神经、将血液输送到末端神经的作用，这样能帮助他尽可能地将球踢到自己想要踢到的地方。呼吸，尤其是吐气的方法，能够提高赛场表现的说法，我听了也是吃惊不小。

人一过度紧张，呼吸就会变浅，上半身诸如脖子、肩膀和胸部就会过于使劲儿。我们也可以打造自己的习惯动作，通过调节吐气方式来达到自主神经的平衡。

在初次打交道的人的面前感到紧张的时候，或是诸如"在见社长前，紧张得脑子里一片空白！""居然忘带手机！啊！怎么办啊！"在这样自己都能感觉到自己紧张焦虑的场景，甚至是在晚上入睡前，都值得试一试调整自己的呼吸。

无需任何道具，只要有一分钟的时间，在哪儿都可以简单地做到。

将身体放松，重心下沉

再来讲一个我自己缓解紧张情绪的亲身经历。

那天当我意识到"紧张到身体都不听使唤"的时候，赶在节目开始之前，我在洗手间的镜子前面悄悄地做了一件事。

为什么会是在洗手间里呢？您继续读下去就会明白的。

首先，进入洗手间，站在镜子前，放松自己的身体。

两臂放松并保持自然下垂，然后摇动手臂。身体像软体动物一样从颈部、肩部、手腕、指尖逐步放松，重复做这个动作多次。

接下来将身体的重心下降。人在紧张或情绪亢奋的时候，呼吸会变浅，不能好好地说话。这个时候想象一下将自己身体的重心放到肚脐的下方，然后用意念将重心向更下方移动，直到你能感觉到自己的脚踏踏实实地踩在地面上。

然后，试着尽情地做鬼脸并深呼吸。

做鬼脸，就是做那种看起来傻呵呵的样子。脸上完全没有气力，人看起来有些呆板迟钝。试试看自己装傻的样子是什么样的吧。

嘴巴半张，眼神呆滞，将眉毛上扬，拉伸眼睑。

这时候将鼻孔微微扩张，鬼脸的效果会更好。如果你觉得这张脸要是被恋人看见，再海枯石烂的感情也会完蛋的话，那么恭喜你，你这张鬼脸就做成功了。

总而言之，脸上的所有部位都要放松，并大口吐气。

人紧张的时候，脸就会不自觉地僵硬，看起来让人觉得害怕。调整面部的紧张感，让表情归位，其实是一件重要的事情。

不过做鬼脸这种事情总是让人觉得害羞，所以还是得悄悄地做。不躲进洗手间还真是没勇气呢。

没有时间做鬼脸的时候，也可以做一些消除脸颊肌肉紧张的小训练。

看着小镜子里的自己，一边睁大眼睛，一边张大嘴巴，反复"yi""wo"的发声练习。练得过猛就会像我一样把脸上的妆也弄花了，所以适当把握好练习的度。

嘴巴周围的肌肉过度紧张的话，一张口说话就容易咬舌头，那样会导致更紧张，所以哪怕是已经进了演播厅，我也会做这个小练习。

我从 2017 年 6 月开始，有幸和杰尼斯事务所的人气团体 NEWS 的小山庆一郎先生一起参加"news every."的节目录制。我发现小山先生总是会在节目录制之前，通过"pu-lulululu-ci"的发声练习来振动唇部，以缓解嘴部周围的紧张。

小山先生已经主持节目八年，其作为主播的实力不容小觑，却仍然在直播节目之前踏踏实实地做这些细微的准备，真是让人钦佩。

在人事调动、新学期、进入新环境，第一次跟很多人打招呼之前，或是重要的商务会谈的休息间隙，你都可以做一些放松练习来缓解紧张的情绪。试着找到自己觉得最合适的方法吧。

A warm atmosphere

第二部分
磨炼倾听能力的方法

这世上谁都希望说自己想说的话，谁也都希望他人能认真听自己说的话。

正因为如此，会倾听的人也常常被称为会交流的人。

然而，以我多年主持谈话类节目的经验来看，其实人们常常不怎么认真听对方在谈的内容。

"喂喂喂，你说什么呢？哪儿有这种事！我可从来都是认真在听啊！"

大多数人或许自己都是这样想的，但其实跟我们谈话的对象却并不这么认为，所以还是要多加注意。

我在担任谈话类节目主持人时也曾有过很多这样的失败例子，比如没认真倾听嘉宾的谈话，或是忽略掉在谈话中出现的好话题，有时还会因为未能理解对方的意思而提出文不对题的问题。其他诸如东一榔头西一棒槌，和谈话对象不在同一个频道的情况也不在少数。

之后回看录像的时候，我才发现自己有很多次无视嘉宾的谈话而只顾着推进节目。这时候的心情真是恨不得找个地方挖个地洞钻进去。一想到电视机前的观众看到这些画面时一定是恨铁不成钢的心情，我私底下反省了很多次。当时的同行们也给了我很多直言不讳的意见和建议（当然大家都是出于想把节目做得更好的目的）。

当我说起这些往事的时候，经常就会被人们问道："像小西女士这样在电视直播节目里采访过那么多大腕儿的人，竟然也会有这样的经历吗？"

当然会有。就算对我们这些职业电视人来说，也同样是学无止境。因为"学会倾听"这件事儿本身真的是再难不过了。

尤其是刚做主持人那阵子，每天都有因为做错了而觉得懊悔的事儿。要想达到使嘉宾畅所欲言的目的，仅仅对谈话的内容进行理解是远远不够的，倒不如学会"倾听的技巧"，这才是促使谈话成功的关键。这一点我有深切的体会。

到底要怎样做才能成为一个好的倾听者？我也曾经思来想去想了很长时间，最终决定无论如何都得先从"向会倾听的人学习"入手。不单单只是学习政治经济方面的知识，而且努力找到在谈话中可以运用的各种各样的技巧，这是一个不断重复、不断学习的过程。

具体来说，我找来那些擅长倾听的主持人的录像看并反复揣摩。首先是去模仿，将他们在节目中所做的评论一字一句照原样记录下来。我还听了被称为"谈话的行家"的主持人的电台节目，尝试去领悟节目中所展现的恰到好处的谈话时机与谈话的节奏感。此外我也通过听落语①来体会音色、抑扬顿挫和语气停顿的重要性。

通过这一系列的学习,我终于慢慢弄懂了提高倾听能力的"技巧"是确实存在的。不仅如此,我还明白了其实这个"技巧",只要加以适当的练习,谁都有可能做到。我自己也是通过循序渐进的训练,最终达到了不刻意为之,自然而然实现的效果。

与此同时,我也从节目当中有幸遇到的嘉宾,特别是那些与之有过"愉快的谈话经历"的嘉宾中,选出一部分并对他们有意识地进行了观察。通过观察我发现了一个有意义的方程式,那就是:

会倾听 = 会交谈

会倾听的嘉宾,毫无例外也都是谈话的高手。

在做节目的事先沟通时,他们总是一边倾听工作人员的说明一边颔首示意,跟其他嘉宾的闲谈也是行云流水、顺畅自然。可以肯定地说,像这样的嘉宾,他们在节目中的表现也同样是出类拔萃的。

在考虑到对方对自己谈话内容的理解程度的同时,从结论入手,确定好谈话内容的顺序,以让谈话的参与者都觉得舒

---

① 落语,日本的一种传统曲艺形式,类似于中国的单口相声。——编者注

适的节奏来对全局进行掌控，并逐步推进谈话的内容。我所观察的嘉宾往往都具备这些谈话的技巧。

我认为这是因为一旦学会了倾听，就会在谈话中去更好地理解对方的心情，谈话的技巧也会随之日益完善。

重要的话再说一遍。

谁都希望他人能认真倾听自己在讲的话。

所以说，会倾听是件难事，而会倾听的人都被认为是难得的人才。

既注重自己想要表达的内容，又能使谈话整体顺畅地进行的人才，在任何场合都是难能可贵的。

那么接下来，我就来谈谈自己认真积累下来的"倾听的技巧"。

会倾听的人深谙谈话中的点头之道

在交谈中点头的方式有时候能让谈话变得容易，有时候却会让谈话变得难以进行下去。

谈话中双方相互颔首致意，这一无声的动作，是能够表达和传递各种各样信息的重要技巧。

那么，能使对方心情愉悦的点头方式，和与之相反会导致对方厌烦的不好的点头方式，具体都是怎样的呢？

首先来谈谈让人觉得厌烦的点头方式。

你有没有从下面这样的人身上感到过压力的时候？

你每说一句，对方就"是呀，对啊"地回应，一边用力点头一边说"原来如此原来如此"。因为老是不停地说，听起来就好像是他的口头禅似的，听多了就觉得刺耳起来。

在说话的人看来，我什么重要的事情都还没说，你就一个劲儿地点头赞同，"到底是不是真的理解我在说什么啊"，任谁都会产生怀疑吧。

嗓门儿大的声音、幅度大的动作、频繁地随声附和，这些在自己看来"我在认真听"的表现，也确实有可能会给对方"正在倾听"的一个信号。但遗憾的是，这些动作大多数时候都会给对方留下不愉快的印象。

我认为好的颔首致意，是能够诚实地传达内心感受并且有节制的点头方式。

因此我在听人说话的时候，常提醒自己尽可能地控制自己要有节制地点头附和。

没有必要频频点头，而是在对方说话告一段落时，看着对方的眼睛，深深地、慢慢地点一点头，就好像是把对方说的话都好好领会并吸收了一样。

我认为在表示"是""对"等附和意见时，将自己说话的声调放低也是一个好方法。这样谈话对象会从这个反馈里得到"对方理解了我说的话""对方赞同我的意见""对方很爱听我说"这样的信息，心情会变得愉悦，谈话的气氛也就能进一步融洽起来。

顺便提一句，在我身边就有一位非常善于在谈话中颔首致意的人。他就是现在在"news every."里担任主播的藤井贵彦先生。藤井主播总是在现场直播的演播厅里，在摄像机拍不到的地方对嘉宾的发言回应以点头致意，这里面的技巧可以说是非常巧妙。

比如说演播厅里把专家请来做嘉宾解说的时候，就算是一开始非常紧张的嘉宾，也会因为藤井主播在谈话中点头致意的时机、间隔、表情、声调，而慢慢地使紧张得到缓解，转眼间就能轻松愉快地说起话来。哪怕是只有几分钟的谈话，节目结束后嘉宾们也会说："藤井先生真是头脑聪明的人呢，真想和他一起喝喝酒聊聊天啊！"

我向藤井主播询问了这点头的学问。

他说，谈话中的好的点头方式，还具有使嘉宾谈话的内容变得简短却又充实的效果。

在电视直播节目里，如果嘉宾一口气说很多的话，有时候收看节目的观众会出现中途理解跟不上的问题。作为主播，一边听嘉宾的发言一边在恰当的时机点头，嘉宾会因此察觉到"是不是在这个点上藤井先生想问问题呢"而自发地将话题分段讲述。这样主播与嘉宾之间的谈话就很有节奏感，观众也就能更容易地理解节目中的谈话内容。

藤井主播还告诉了我这样一个道理。谈话中适当地点头，能使嘉宾的评论更言简意赅。嘉宾也会觉得心情愉快。如果再得到节目之后一起吃饭聊天的机会，就更能拓宽自己的知识面。

这就是所谓的一箭三雕吧。

藤井主播不仅是在与嘉宾打交道的时候是这样，在我进行解说的时候，他也同样会在摄像机拍不到的地方对我点头做出回应，让我觉得非常安心。

相反，如果哪天藤井主播没有对我的评论做出反应的话，我会觉得："奇怪啊，今天是不是表达得不够好，得打起精神好好干才是！"藤井主播的这一动作就如同节目现场的气压表一样，催生出让节目变得更好的适度的紧张感。

在谈话中以理解对方的姿态去"接球"

擅长倾听的人的共同点之一便是他们在听人说话的时候，会使用使语气显得柔和的词语，也就是说，他们很会以理解对方的姿态去做出应答。

首先我们要学会如何对对方说的话做出反应。一般来说有四种方式：

① 理解对方

② 表示共鸣

③ 归纳总结

④ 推进话题

为了跟对方进行愉快的谈话，实打实地创造出融洽的谈话氛围，要尽可能多地使用上述这些应答方式，并且注意各种方式的平衡，有区别地进行使用尤为重要。

接下来我们就把这些方法按顺序认真地捋一捋。

首先来谈谈如何理解对方所说的话。

"原来如此。""确实是这样啊。""您说的对。""正如您所说。"

这些都是实实在在地表示自己理解了对方说的话，它们正是只需三秒就能抓住人心的重要的表达方式。

不善倾听的人容易犯的一个错误是没有用这三秒钟来先表达自己在听对方的话，而是急着追问后续或是继续问问题。

表达相反的意见也好，换到别的话题也罢，首先要做的便是先接受对方说的话。

想象一下接住对方扔过来的球的画面。请记住，如果你接不住这个球的话，那么这个球也就没办法再扔回去了。

举个简单的例子来看看"接球"和"不接球"的区别。

"中午去那家中餐馆怎么样？"

"可是昨天也是吃的中餐啊。"

这样的对话，接下来对方就不知道说什么好了。那么我们来换另一种说法。

"中午去那家中餐馆怎么样？"

"这个主意不错。不过，我们昨天也是吃的中餐啊。"

比较起来感觉怎么样？同样是在说反对的意见，后者的说法会给人留下比较好的印象吧？

虽说"昨天刚吃了中国菜，今天又去啊"这种想吐槽的心情可以理解，在谈话中，先尊重对方的意见，将对方抛过来的球接住，这是非常重要的一点。

像这样养成先接受对方的谈话的习惯，慢慢地就能学会短时间内抓住人心的谈话方法，这是成为擅长倾听的人的第一步。

我以前的上司就是一位非常擅长在谈话中"接球"的高手。

每次外出采访带回热门话题的信息，向上司汇报时我常常说："采访时得到了这个消息，一打听又得到了另外这些信息。我想把这些内容归纳起来，做成节目用的稿件。"上司总是边听边回复"嗯，这样很好""不错不错"，让人觉得汇报做得心情舒畅。

他又总是会在汇报结束的时候加上这样一句："小西，你是不是也有这样的看法呢？"然后态度鲜明地说出自己的观点。

上司让我痛痛快快地做完了报告，我当然也能老老实实地听取他的意见。

而且这位上司在当记者的时候，做过一系列的新闻特辑以及单独取材的节目，他总是能挖到好的新闻素材，取得了很大的业务成绩。我想他能有这些成就，谈话中的"接球"技巧也一定是功不可没的。

在谈话中首先要稳稳地接住对方谈的话。

用适当的感叹来表达
与对方产生共鸣

"啊!""哦!""嗯!"

这些在感到惊讶、察觉、认可的时候发出的感叹词,都是能向对方传达"共鸣"的表达方式。

在镜子前面,用尽量夸张的表情,发出声音说说看。

听到令人高兴的话题时的"啊,哦,嗯"。

听到对方向你倾诉烦恼时的"啊,哦,嗯"。

听到新闻内幕时的"啊,哦,嗯"。

睁大双眼,试着做尽量夸张的动作。

你有没有发现,仅仅是说"啊,哦,嗯"这三个语气词,配合语境都能做出各种各样的表情?

如果我在说话的时候，对方能这样表情丰富地听我说话，我一定会越谈越起劲儿的。在交谈时碰上对自己说的话表示惊讶、感叹、产生同感、引发共鸣的谈话对象，谈话也会变得顺畅，自然而然地产生下次还想再见面的心情。

我在录制电视节目的现场，也有意识地注意使用这些能引发共鸣的感叹词。

在担任"日本的人疑问"节目的主播工作时，总制片人教给了我这样一件事：

"让看节目的观众产生'啊、哦、嗯'的共鸣，是非常难能可贵的事。"

他的意思是说，要在节目中向观众提供那些能使他们觉得感同身受的内容，能让观众看了节目情不自禁发出"啊！原来是这么一回事！"的感叹。

从那以后，我也跟电视机前的观众站在同样的立场，向嘉宾提一些听到他们的解答自己会情不自禁产生感叹的问题。作为电视节目的主播，如果在节目当中附和嘉宾发言的声音过多就会显得刺耳，因此我大多时候选择不发出声音，仅仅用表情来向对方表示我正在听他们说的话。在摄像机没有进行拍摄的时候，我才会尽量夸张地在谈话中练习使用"啊""哦""嗯"等感叹词。

在表达与对方有同感的时候，使用感叹词并做出很棒的反应。

适时总结并整理谈话内容

"总而言之就是……的意思吧。"

"也就是说……对吧?"

"……可以这样理解吧。"

以上这些都是概括对方发言内容的表达方式。

前面讲述了谈话中接住对方抛过来的"球"是非常重要的,但当对方抛过来的是一个又大又难接的"球"时,我们该怎么办?对方也因为谈了一大堆而有些累了,就好像球员在球场上一直用力往远处抛球而显得疲惫的样子。

在这种时候,用上面谈到的那些表达,将对方说的话进行总结,再把"球"抛回去,让对方也得以稍事休息,这样能让谈话更有成效。

对方也会有因为没整理好自己的想法却不得不一直说个不停的时候。

或者也会有一边担心是否能被理解却也还是得接着说的情况。

正因为如此，倾听的这一方帮助其整理谈话的要点，适时说一些诸如"是这样的啊？也就是说……的意思对吧？"这样的话，既能消除说话人的不安，还能营造出让人放松地聊下去的氛围。

万一自己的理解有误，这种做法也能成为及早修正的大好机会。通过反复确认双方的"共识"，最终实现正确理解对方意图的目的。

拿开会来做个比方，在会议上根据议题的不同可以像下面这样试着说说看：

"概括地说，跟A案相比，B案的交货时间会晚，对吧？"

"也就是说，某某部长有可能会反对，是吧？"

"关于预算案一事，就按照上次会议决定的推进，这样理解没错吧？"

在谈话中适度地加上一些归纳总结，能给予对方"自己说的话被理解与被倾听"的安心感与满足感，从而能够产生温暖融洽的谈话氛围。

谈话中进行归纳总结，通过磨合达成共识，能给予对方安心感与满足感。

促使对方愿意谈论更多的引导方法

"后来怎样了呢？"

"具体是怎么一回事呢？"

"这么说，接下来如何了呢？"

为了顺利地推进谈话，需要一些关键语句来进行引导。以上这些例句都是促使谈话进一步深入的表达方式。

一边巧妙地推进谈话，一边引导对方向自己想要谈的方向"投球"，想象一下这样的画面。对方也会感受到你的意图，"接下来谈这个就好了"，这样谈起话来就不会左顾右盼，抓不住主题。

另外，像上面这样的表达方式还能显示出自己"想要了解更多"的态度。

如果说话的人能感觉到"对方对我说的很感兴趣",他便也能更安心地接着往下聊。

不过话虽如此,也会有因为想不出该接什么话而觉得为难的时候;也会有因为太担心谈话是不是就要这样结束了,反而不安到说不出话的情况。

就算是这样也没关系。做不到脱口而出的时候,在对方说完之后稍微停顿一下,再问一下"所以说……",等待对方的结论也可以。除此之外还有一个被称为"鹦鹉学舌"的非常有效的谈话技巧。

这是一个只是把对方说的话的最后部分模仿着再说一遍,就能让谈话持续下去的神奇的技巧。

拿去幼儿园接孩子的时候跟老师的对话来做个例子。

"今天太郎君中午饭一点儿没剩,全都吃了!"

"啊,是吗?太谢谢您了。"

接下来便是沉默,谈话陷入了僵局。

那我们再来试着用"鹦鹉学舌"的技巧试试看。

"今天太郎君中午饭一点儿没剩,全都吃了!"

> 引导对方谈论更多,也是向对方表明自己想要了解更多。
> 找不到话说的时候可以用一用"鹦鹉学舌"的技巧。

"啊,是吗?一点儿没剩全都吃了啊。"

"嗯,连他不爱吃的黄瓜也努力吃完了。"

"今天是真的努力了呢。"

"嗯,最近越来越像小男子汉呢。玩儿的时候……"

瞧瞧,跟老师的谈话是不是听起来非常顺畅呢。大家也都来试一试这个方法。

使谈话深入发展的
关键词"原本"

在谈话的过程中,倾听的一方不光要边听边点头附和,还要能提出一些使谈话更深入、更全面、从新的角度来讨论的问题,这样说话的一方会说得更顺畅。

在这种情况下能派上用场的一个关键词就是"原本"。

"贵公司的名字,原本是怎样来的呢?"

"决定开始做这项事业的契机,原本是怎样的呢?"

"原本是因为什么而想到这个计划的呢?"

在问题中加入"原本"二字,会用积极的态度向对方传递出希望能将目前正在说的内容进一步深入的信息。加入"原本"的问题都需要"追根溯源"地来谈论。

另外，就算是事到如今已不好再问的问题，只要加上"原本"二字，问问题的难度也会不可思议地小很多。还有，在谈话变得太复杂的时候，也可以用这两个字把话题拉回到原来的轨道上来。

想要谈得更深入，或是想要调整谈话的方向，"原本"都是用起来再好不过的词。

因为用起来实在是很方便，我在节目当中总要用上一回。嘉宾们也总是毫不例外地"好吧，好吧，那就从那时候开始讲给你听吧"，爽快地把话题接过去。

我想这个词还能传达出"我想认真准确地理解您所说的话"的意思，向对方表明自己诚恳的态度。

事实上，如果不是真心想要听对方谈话是不会用到"原本"这个词的；对方听到这个词，也自然会明确地感受到你想要了解更多的心情。

从谈话的人的角度来说，通过加上"原本"二字来从头开始讲述，也是整理自己的想法并从新的角度来看待事物的机会，或许还能有新的发现。

向对方提"用数字能回答"的问题

"最近怎么样?"

跟很久没见的人见面时常会被问到这句话。不过,这到底算不算个容易回答的问题呢。

"嗯,怎么样?……怎么说呢。"不知道怎么回答才好的人,应该不止我一个吧。

谈话的时候,先从对方容易回答的问题入手来开启谈话的流程,这一点非常重要。

那么,容易回答的问题又是指哪些呢?

在做以经济为主题的节目时,作为向嘉宾提出的第一个问题,我经常会向他们询问对安倍经济学的评价。

如果仅平平常常地"您觉得安倍经济学怎么样？"这样问，嘉宾们要么花很长时间才能作答，要么就只是回答些抽象的东西。

"一下子就问我这么大的问题，我也不知道该怎么回答才好啊！"

嘉宾们心里肯定都是这样的困惑。让嘉宾们面露难色，这是作为主持人的一大失败。

那么，我们来换一种方式问问看。

"安倍经济学推行的经济政策，您觉得走到哪一步了呢？"

"刚好过一半左右吧。"

"也就是说 100 分的话，现在差不多 60 分左右吗？"

比起"怎么样？"这种笼统的问题，后面这种提问的方式更加具体并容易作答吧。

关键在于提"用数字能回答"的问题。

用"哪一步"来提问，就好像是在拿登山打比方，嘉宾们自然想到问的是"到登顶也就是到目标达成前的进展情况"，谈话的方向性，问题的关键点都很容易被理解。而且，也很容易将话题延伸到诸如"为什么说道路艰险"这样的内容上去。

另外对于像打"多少分"这样的问题，由于嘉宾们各自有着自己的评分标准和理由，也就很容易从一开始就明确他们的立场。

在商务工作当中，如果突然被初次谋面的人询问"贵公司是做什么业务的"，也会有因为回答的范围太大而不好作答的时候吧。

"您在现在的公司工作几年了？"

"您有多少名下属员工？"

"现在的部门里包含了几个小部门呢？"

我建议先问一些像上述这样能用数字回答的问题。

对于回答问题的那一方来说，这些都是平常牢记在心的数字，回答起来简洁明了，谈话的节奏也自然形成。

像拳击时打直拳前先用刺拳做试探一样，先问一些能用数字作答的问题；在场面慢慢热烈起来时，再找准时机提出诸如下面这样的问题。

"您觉得现在的工作当中什么地方有意思呢？"

"您觉得哪方面最难呢？"

要不断深入地提出能引发对方的兴趣并引出其看法的

问题。

特别是初次谋面的场合,双方之间的距离感还不好掌控。太笼统宽泛的问题,对方往往不好回答,这时你可以拿能用数字回答的问题做开场。

仅仅是这个细微的差别,只要你有意识地去做,谈话的局面就会一下子打开。

向对方提"用数字能回答"的问题来开启谈话的流程。

见面之前准备好十个备用问题

为了谋求跟对方顺利交流的"倾听能力",向对方显示出"自己想要了解更多"的态度是必不可缺的。

而能拿出"想要了解更多"的态度的大前提在于你对对方的话题有兴趣。

如果你要问的问题不是自己擅长的范围,那就更得多收集信息,直到你对它产生兴趣。

我这里推荐一个能检测你做的准备是否充分的办法。

我的表演指导老师曾经给我上过这样一课。

"从现在开始,在纸上写下十个你喜欢的东西并说明理由,在规定时间内要不停笔地写。"

老师给了我一张 A4 的稿纸,从 1 到 10 标好了序号,分设了喜欢的东西及理由两栏。规定时间是 5 分钟。

我开始边想边写，① 厨房，因为一做饭就能做到心无杂念；② 猫，猫是治愈系动物；③ 什锦烧，这是我打心眼儿里喜欢的食物……，当写到第九个时就怎么也写不下去了。

我拼命想也想不出还有什么喜欢的东西，最后规定的时间到了，只好把第九和第十的地方空着交给了老师。

之后老师把这节课的意图告诉了我："作为一名节目主持人，说起喜欢什么不喜欢什么，要做到不假思索就能说出十个才好啊。"

老师还讲到主持人是一份被要求顾虑全局并且会有很多即兴发言的工作，日常就得注意看问题不能抱有偏见，对一切事物都应当有兴趣。

说起来这是个让我觉得不好意思的小故事，不过为了把我吸取的教训活用到工作中，我学会了<u>在跟嘉宾见面之前，扳着指头数一数自己是否准备好了十个问题。</u>

而且考一考自己是否做到了不看任何资料也能流利地提出这些问题。

在准备自己不熟悉的话题的时候，我有很多次都没办法做到毫不费力地写出十个问题来。这时我就提醒自己，这其实是因为我对嘉宾的了解还不够深入，得收集更多的信息才是。

同样，在商业会谈的场合，准备提问的工作也非常必要。

如果只是简单的洽谈，准备五个问题就可以了。

收集信息，练习用自己的语言提问题，做到不看任何的提示，不磕磕巴巴。

对谈话的对象进行了解，在会面之前准备好要问的问题。

十个问题里放一个大胆的
不同寻常的问题

我认为一般来说,提的问题中的百分之八十的问题其实是谁来问都一样的,只有百分之二十的问题能反映出问问题的人的个性。

我总是为准备那百分之二十的问题而大动脑筋,绞尽脑汁。

最后我想到的是试着在十个问题里豁出去放一个听起来不合常理的大胆的问题。

关于这一点,我来讲一个很有意思的小故事。

那是当时担任棒球巨人队教练的原辰德先生来节目做嘉宾的时候。那一期节目的主题,被设定为以刚刚结束的日本锦标赛上的战绩为切入点,请原教练来谈谈他的领导论。

一说起领导论,很自然就会想到以下这样的问题。

"您是怎样和球员打交道的呢？"

"比赛陷入困境的时候如何应对呢？"

"在培养球员方面，您特别注意哪些方面呢？"

这些是谁都会问的那种问题，把这些问题归为百分之八十那一类。

然后我向原教练问了我准备的"不同寻常的问题"。

"为什么和队员击掌的时候不是张开手掌，而是握紧拳头呢？"

这里问的可不是猜拳，而是击掌。说起原教练，大家都会想到他和队员之间用拳头相互击掌的动作。因为用的是拳头，方式独特，所以成了话题。不过为什么要用拳头呢？难道用普通的击掌方式不行吗？我试着把这个问题抛给了原教练。原教练稍稍停顿了一下便娓娓道来：

"张开手击掌的话我觉得不够分量。握紧拳头的时候，不互相看着对方都没办法做到顺利击掌。互相对视是非常重要的，在我心里这样做是一个很有意义的仪式。"

啊！原来是因为这样所以才握拳击掌的啊！就在这时候，原教练突然就跟正发出感叹的我来了个"握拳击掌"！演播厅里的工作人员都因为这一动作大出意外而兴奋地叫了起来。此时此刻，原教练的眼神非常强劲有力，作为当事人，我可以证明这一点。

这突如其来的现场版的"握拳击掌"一下子就使演播厅的紧张气氛烟消云散。这之后大家也都谈得非常热烈，原教练的领导论从这一不同寻常的地方开始谈起，得到了很好的解读。这是做得非常成功的一期节目。

事先准备问题的时候，要试着大胆地加入一两个不同寻常的问题。

当然，重点是要尊重对方。让对方感到不快、不合礼数、不慎重的问题是绝对不可以问的。正面的、质朴的、让人听了忍不住会心一笑的问题才最为理想。

什么样的不同寻常的问题会产生好的效果呢？若是要找到这个问题的线索，不妨从"说起某某某，就想到……"这一点上着眼试试看。

就像"说起原教练，就想到了握拳击掌"一样，"说起山田社长，就想到了阪神老虎队""提到铃木科长，他可是什么拉面都吃过的人"，用这种谁都知道，可以称得上是这个人的商标一样的信息来做问题的材料，一般都是八九不离十能问到点上的。

谈得顺利的话,会有助于一下子拉近谈话双方的距离。这个谈话还能成为给对方留下深刻印象的契机。

请一定试着大胆地找到不同寻常的问题来问一问。

在事先准备的问题当中,试着放入不同寻常的问题。

即兴发挥也需要事前做好准备

直播节目的魅力并不在于将预定下来的事情协调好，而是能够根据直播当时的状况做出一些即兴发挥的"表演"。即兴发挥需要头脑转得够快，还要够胆量，因此它是能够让人心生佩服，让气氛热烈的谈话技巧。

从收看节目的观众的角度来看，也许他们会对即兴发挥有着"在当时的场合下突然想到的"强烈印象。

但是我却并不这么认为，我认为即兴发挥是因为做了精心的准备才得以实现的。

我来说说歌舞伎演员松本幸四郎先生（第九代）来做嘉宾录节目的故事。

幸四郎先生是节目的贵宾，而且这是第一次邀请到他来参加新闻报道类的节目，是非常难得的机会。

不过说到我自己，还从来没有看过一场歌舞伎表演，就连什么是歌舞伎都弄不清楚。而且也没有现在赶着去看一场歌舞伎表演的时间，关于传统艺术的知识积累也不是一下子就能做到的事。

于是我首先找来幸四郎先生的自传认真阅读，把他的履历以及一些逸闻趣事都牢记在心，这之后却想不出该再来调查关于歌舞伎的什么才好，我不由得叹了口气。

临阵磨枪的学习，就算硬塞到脑子里，也只能是流于表面。说到底，靠硬塞到脑子里的知识也没办法谈出气氛热烈的谈话。

这时候我决定把节目预定表里没有提到的问题先暂且保密，万一要是现场不够热烈的话，作为临时的即兴发挥，我就把暂且保密的那些问题拿出来试一试。

一提起松本幸四郎先生，大家都知道他是歌舞伎剧目《劝进帐》中扮演弁庆的演员。

我事先找来《劝进帐》的录像反复观看。不仅仅是幸四郎先生出演弁庆的录像，在这之前其他演员扮演弁庆的录像我也都一一找来观看，用自己的眼睛去辨别幸四郎先生和其他演员在表演上的不同，并认真做了思考。

我发现在音调的高低、手的位置、唱腔的停顿方面都各有差异，看着看着就越发觉得有兴趣，我还看了一些专家的评论，抽出时间专门做了跟《劝进帐》有关的调查研究。

到了节目直播的那一天，虽说采访按照预定计划在按部就班地推进，但因为幸四郎先生是大人物，在他面前难免紧张，现场显得不够生动。

这时候我找准时机谈起了《劝进帐》的话题，然后我在幸四郎先生的面前表演起我通过看录像临时抱佛脚学来的"飞六方"的步法（注：飞六方的步法是幸四郎先生在《劝进帐》中表演弁庆这个角色时会用到的歌舞伎的基本步法）。

本以为一个外行来模仿，搞不好会引得场面冷场，没想到我刚伸出右手做起"飞六方"的动作，幸四郎先生就在一旁夸赞道："这个架势很不错！"

就如同打球时打出个变化球，对方再回个变化球，一来一去真是太棒了！这个谁也没想到的"即兴发挥"让演播厅顿时成了欢笑的海洋。从某种意义上说，原本设定的现场氛围被"完美破坏"了，这之后到节目结束现场气氛都一直非常热烈。

周围的人都以为我是突发奇想，临时决定模仿"飞六方"的，其实我是尽自己最大的努力精心做了准备。如果介意右手左手的位置（尤其因为我是个左撇子，左右经常就会弄混），或是担心脖子的位置是否正确，我就根本没办法在幸四郎先生本人面前表演。这可是万一没弄好，就会失了礼数、玩火自焚的危险招数。

我一直铭记在心的是，要想实现使谈话和人际关系都圆满顺利的即兴发挥，事先的准备和自信都是必不可少的。

相反，我也有过因为准备不足而失败的经历。

那一次是邀请演员伊藤麻衣子女士来做嘉宾，节目的主题是"护理与预防"。伊藤女士致力于早稻田大学研究院的护理机器人的开发工作。

护理机器人是外形看上去像只兔子的毛绒玩具，它能一天三次提醒使用它的高龄用户做有预防肌肉衰老功能的下蹲运动。这个开发工作的目的在于通过跟机器人的对话，促使用户养成每天做下蹲运动的习惯。

交代了这么多，现在我们言归正传。

话题还是回到这个小兔子机器人身上。节目的压轴本来是伊藤女士跟机器人对话，在演播厅里演示如何操作这个机器人。然而彩排的时候机器人明明动得好好的，等到了正式拍摄的时候却不知为何完全没了反应。

因为是谁也没料到的事情，一时间演播厅里气氛尴尬，大家都陷入了沉默。伊藤女士突然蹲下身来，一边说着"在光线太亮的地方机器人反应不灵敏"，一边就把机器人搬到了桌子的下面，然后把脸靠近机器人的传感器并反复叫它的名字。可是小兔子机器人还是毫无反应。这时候的氛围真是不知道怎么说才好，只听见时间嘀嗒嘀嗒地过去了。

事后回想起来，若是我能在这时候说上一句"哎呀，观众朋友们，正是预想到偶尔会有这样的事，所以我们事先在这只小兔子精力充沛的时候录好了像！"，顺着话把镜头转给录像机，那么此刻的尴尬便有可能化解成为玩笑。但是遗憾的是，因为排练的时候一切都很顺利，也就完全没有想起来要准备录像以防万一。我对这一点做了深刻的自我检讨。

出现意外的时候，才更是即兴发挥大放异彩的时候。

不过要想能大放异彩，精心的准备仍然是最重要的。

事先设想一下出现意外的场景，考虑好如果碰上意外该如何做出反应。在原本准备好的东西突然派不上用场的时候，又该说句什么样的话来摆脱困境，或是怎样能化尴尬为玩笑。我们把这些事先做的思考叫作"大脑的体操"，这个准备运动非常重要，准备做得充分，那么谈话时的沉着镇静也一定会不一样。

被委托在结婚典礼上发言或是在重要的商业会谈上做介绍时，我建议你一定要把"万一没弄好的时候的即兴发挥"也提前设想周全，做最充分的准备。

> 只有有了准备和自信，即兴发挥才会大放异彩。

在准备好的资料上贴上一目了然的便签条

在准备跟嘉宾的碰头会的时候，我一定会在提前阅读的各类相关书籍、嘉宾本人的著作或是资料当中令人印象深刻的地方贴上便签条。因为我觉得不管怎样认真阅读，光拿马克笔在那些地方划线是远远不够的。

理由非常简单。

因为让对方明白"为了和您的这次会面，我认真做了准备"这一点非常重要。

就算是见面了连寒暄几句的时间也没有，或是刚打完招呼就得立即谈正题这样的情况，只要你带来的资料上贴有必要的便签条，你事先做了准备这事儿在对方看来就是一目了然的。对方一秒钟就会看明白。

以前我总认为，向对方表示"自己为了会面做了很多准备"

是要小聪明。因为事先做准备是理所当然的事，而为了让对方明白而特意表明的做法又实在是太拙劣，所以我反而不会在阅读时往重点的地方贴便签。不过，一次经历让我改变了这个看法。

我曾经为了改善在节目当中的形体动作而上过一次指导课。虽说指导课就只有一节，不过老师在刚见面的时候就跟我说了这么一句话："我这两个月，一直都在看你的节目。"

听老师这么一说，我立刻就觉得我绝对要听听这位老师的意见，要是不认真听可就损失大了，老师可是看了我两个月的节目才来给我上这一课的啊。我想听的不是那种常规的建议，而是能针对我的坏毛病，提出具体的改善方法。

心里想着"对方为我花了很多时间来做准备"，就会觉得和对方的距离一下子近了很多。

反过来说，站在倾听的立场上，我也慢慢感觉到在跟对方见面时，如果能够把"自己事先认真阅读了对方的著作或是博客"这一点传达给对方，绝对是有益的。就算你提前阅读的内容在谈话中根本就不会涉及，或是压根儿没打算谈那些内容，也没关系。

从那以后，我总在我认为跟谈话对象有关的重要的地方贴满便签条儿，并把那些材料带着，谈话时放在自己的手边。

跟客户进行商务会谈的场合，也不妨试着用用上述的方法。

商务会谈前看了对方公司主页的人、没看的人，看报纸查了最新信息的人、没查的人……商务会谈中要跟形形色色的人打交道。

你心里一定在思量"对方对我方的情况到底了解了多少呢？"

有时候得在短时间内向对方展示自己的对策，表明自己的态度。在这样的时候，与其开口说"为了今天的会面，我特意针对您做了这些功课"，倒不如将自己看过的贴满了便签条的对方的著作不动声色地放在桌子上，我觉得这样做就已经足够了。

对方只看一眼就能明白"这个人是为了更有意义的谈话有备而来的"，这之后的谈话也一定会出现质的不同。

可以这样说，便签条的存在，能改变谈话的质量。

为了达到顺利提问并推进谈话的目的，对谈话对象的尊重是最基本的。而为了实现与对方更高质量的谈话而认认真真做准备，这一点与尊重对方紧密关联。

比起特意告白，不言而喻地让对方明白的方法绝对更能拉近双方的距离。

在我的书架上，就摆着很多贴满了便签条的书。

在资料上贴上便签，能让对方明白你为会谈做了多少准备。

用"挺胸"的姿势去倾听

听人说话的时候你慢慢学会了如何应和。谈话前该做的准备工作你也认真做了。不过就算如此,如果倾听的时候你的姿势不对,也还是不能称得上是"会倾听的人"。

倾听的时候既不要含胸驼背,也不要挺起小肚子,同时记得把背部挺直,保持优美的站姿。在此基础上,面对着对方,把身体舒展开,这样看起来堂堂正正,让人觉得容易接近,并能留下"跟这人很好说话"的印象。

不过因为一心想着要把姿势弄好,而导致身体过度紧张,这样反而会起到相反的效果。保持放松的状态,才是成为会倾听的人的最基本的一步。

那么,应该怎么做才好呢?

下面要说的这种有意识地暗示自己的方法,对我来说非常有用。

"在我的胸口，还有一张自己的脸。向人提问时要记得这一点。"

做一次试试看。

设想一下自己的喉咙和左胸右胸连成一个三角形，在这个三角形里面装着自己的另一张脸（不是对方的，是你自己的），用这张脸去跟对方谈话。为了不让这张脸显得皱皱巴巴，你就会自然地打开胸部，伸直脖子，肩膀也自然下垂……感觉怎么样？有没有觉得站姿好了很多？

意识到姿势不好的时候，人们通常会因为想要纠正驼背，而不自觉地往后背的方向用力。其实只要改变认识，记得"挺胸说话""挺胸倾听"，姿势大多都能得到改善。

不过，就算这样我还是会有驼背的毛病，到最后连指导形体的老师都不得不说："小西女士，不只是要挺胸，你得记得要把肚子挺起来去听人说话！"

想象一下肚脐眼儿上长着眼睛的画面。虽说有点儿搞笑，不过对我纠正驼背倒是真的有效果。

在演播厅里我的椅子上，还曾放着邮购来的纠正骨盆位置的健康用品。这是一种放在椅子上的能够支撑腰部，保持正确坐姿的靠椅。坐这个靠椅，总算能保证我坐着的时候不驼背。为了有一个好的姿态，我也是花了很多心思的。

在参加节目的嘉宾里，有很多坐姿优美的人，他们从脖颈到后背的线条就如同一根棍子一般笔直，我到现在都还记得跟他们谈话时的舒畅心情。

　　原来还有不用任何语言，而是用"挺胸"的姿势来"倾听"的交流方法呢！

把后背伸直的优美姿势能打造出"容易交流"的好印象。

容易造成消极印象的动作：
双手交叉抱在胸前

在谈话的过程中，如果对方突然两手交叉抱在胸前，你会感觉怎么样？

是不是会产生"是不是我说的让对方为难了啊？""对方一定是跟我的意见不一样吧！""莫不是不喜欢我？"诸如此类的负面想法？想着想着就会越来越在意对方的心思，坐立不安，谈话也就没办法按照预期正常进行。

从相反的角度来说，如果你有谈话时两手交叉抱胸的无意识的习惯的话，一定要多加注意。因为对方往往会由于这个动作而开始揣摩你心里的想法，做不到放松地谈话。

我曾经在谈话结束以后，向谈话过程中经常两手交叉抱在胸前的人问过这样的问题："为什么听人说话的时候要抱着胳膊呢？能不能告诉我您做这个动作的真实的想法呢？"没想到得到的回答着实让人意外：

"我只是在想接下来该问什么问题才好啊。"

也就是说，这样做的时候并不是不赞同别人说的话，而仅仅是没在听而已。

两手交叉抱在胸前的动作其实就带有"否定"的意味，不说一句话就让人觉得你跟对方的意见是对立的。

在考虑别的事情的时候，不自觉地双手交叉抱着胳膊，有着这种习惯的人还真不在少数。但是即便真的只是单单在考虑别的事情，依然还是会给对方传递出跟你实际的想法完全不一样的信息。明明没有恶意，却成了这样的效果，这可就吃亏了。

相反，我倒是觉得在感觉为难，或是意见不一样，或是不知道如何回答的时候，做这个双手交叉抱胸的动作也未尝不可。因为这也是一种表明态度的方法。对方也会从我们的这个动作中领悟出些什么，从而考虑一下他的谈话策略。

当然，一定要记住，在上司的面前或是工作面试这样的重要场合，可绝对不能做这个动作。

前面所提到的抱着胳膊只是因为"在想别的事情"的这种情况，在生活中却出乎意料地常常发生。

我们事先就应该知道，哪怕自己并没有那个想法，但是只要你在谈话中做这个动作，就会给对方传递出拒绝的意思。这是个最容易传递出错误信息的身体语言，必须要多加注意。

除了双手交叉抱在胸前这一最典型的例子之外,还有其他一些同样会给对方留下消极印象的动作:

- 晃动双腿

- 把玩手中拿着的笔

- 摸自己的头发或指甲

- 眼睛瞟向谈话对象之外的目标

看看自己有没有被说中的地方?

如果察觉到自己在听人说话的时候有类似这样的小动作,记得提醒自己"也许会被对方误解,以为我没有在听"并及时加以改正。

不懂装懂是谈话失败的
根本原因

能够跟别人坦言"自己不懂",是件需要勇气的事情。对我来说也是一样的。

在谈话中当你询问"您说的是这个意思吗",对方却用惊讶的表情,严肃地回复"不是啊,不是这个意思",这之后就算自己还是没能正确理解对方的意思,也不敢再斗胆提问了吧。只好继续装作听懂的样子,摆出一副倾听的神情。我有过很多次这样的失败经历。

你有没有过这样的体验?

因为知道要谈自己不太擅长的话题,所以一下子整个人就绷得很紧,临阵磨枪地去查资料学习,生怕对方察觉自己其实还什么都不知道,甚至为了掩盖这个真相而故意去问一些听起来比较难的问题。

这样做反而又会导致对方也觉得紧张，谈话也就陷入僵局。

因为有诸多教训，所以我可以这样肯定地说：不懂的时候坦率和真诚是最重要的。要老老实实地向对方请教。不过，在向对方请教时，说法也有讲究。

不是说："关于……，我不知道。"

而是说："关于……，实际上我不是很明白。"

这里面的"实际上"和."很"的措辞是关键点。

在谈话前，当然需要做到对有关谈话对象专业领域的最基本知识有一些初步的了解。上上网、看看书，就可以搜集到很多信息，但是你却对自己能否正确理解收集到的信息这事儿没有自信。这也就是所谓"不是很明白"的意思。

这里的重点在于，要让谈话的对方明白你为了理解他专业领域的知识也做了力所能及的努力。这样做其实正是向对方传递自己谈话的诚意。

你的诚意是否传递到位，对方对你的印象也会因此而有很大的不同。

"我知道这是个非弄懂不可的重要的事儿，可是我的理解力有限，没能理解透彻，所以虽然觉得很不好意思也还是硬着头皮向您提问。恳请您能教教我。"

像这样谦逊的姿态，能够传递出对谈话对象的极大尊重。

向对方适度地坦白自己的知识漏洞，反而能增进双方的亲近感，对方也会自然地产生"好吧好吧，就从这儿教教你吧"这样的心情。

"我是真的一点儿都不会打棒球啊。"

"真的得从最基础的地方开始向您请教。"

虽然说上面这样坦白的话着实需要勇气，但是说实话才是真诚实。早早地向对方坦言自己是真的不会，万一发生因为专业知识不够而导致出错的状况，也能够自嘲地把尴尬转化一下："你们看你们看，我早说了我是真的不懂啊！"

不懂装懂才是导致谈话失败的根本原因，千万得注意！

"事实上自己不太明白"，遇到不懂的地方，老老实实地坦白，虚心向对方请教。

不要漏掉对方辅以手势的谈话

在倾听谈话的时候,如果你察觉到对方说着说着开始不由自主地使用手势等身体语言,那么你千万不要错过这个机会,更得集中精神,好好地听他讲的内容。这个习惯一定要养成。

因为对方的情绪高涨到"连手势都用上",这正是让谈话热烈起来的最关键的大好时机。

下面我来讲一个高尔夫球界的传奇人物——青木功先生来节目做嘉宾时发生的事儿。

青木先生曾在世界高尔夫四大赛事上都获得过冠军,可以说是带领日本高尔夫走向世界的先锋人物。2015年青木先生迎来了他职业生涯的第五十周年。这一次的访谈节目,我们请青木先生从很多不为人知的比赛的幕后故事开始,谈到了为什么已经73岁高龄还执意要一辈子做现役高尔夫选手的理由,以及维护夫妻关系圆融的秘诀等内容。节目组从很多方面都做了充分的准备。

节目正式开始了，访谈节目经验丰富的青木先生说的每句话都很有深意，关于比赛的逸闻趣事他也讲了很多。不过，这次节目是一个小时的现场直播，没办法先进行编辑再转播给观众。因此明明青木先生说的很多话题我都还想更具体地问一问，却碍于节目的流程只能一个劲儿地往前推进。

说话间节目就进行了一半儿，我想决不能让每个部分的谈话都让人有没说完、没尽兴的感觉，必须得找准时机制造出一个谈话的高潮才行。这时候正好和青木先生聊到打高尔夫球时推杆的话题。

"我听说打球时您对手指甲的感觉都非常重视啊。"

"是啊，我的手指尖都很有力气哦，握力也很强。所以指甲长到有了指甲边儿的话，戴上手套挥杆的时候，指甲就碰到手套的里子，这样就会很痛。"

青木先生一边用一只手的手指轻拍另一只手的掌心，一边继续聊着这个话题。我也从座位上探出身子，盯着青木先生的手指尖看了看。青木先生接着说道：

"所以，我剪指甲的时候会把指甲尖的白边儿全部剪掉。听听，这是指甲的声音（用指甲敲敲桌子）。再来听听，这是手指头的声音（再用指头敲敲桌子）。"

因为青木先生说着说着就做起这个动作，大家一时都还没反应过来，摄像机的拍摄也没能跟上。我连忙请青木先生再演示一次，于是青木先生便把自己的手伸到了摄像机的前面。

镜头拉近以后，我们发现青木先生的手指甲都已经剪到了肉的边缘，完全没有指甲长长时会出现的白边儿。指甲和手指完全一体，指甲平滑，修剪得非常完美。

"哇！这就是那个世界闻名的青木先生的手指啊！"我不由得惊讶道。

"修指甲的时候，与其说是剪指甲，不如说是磨指甲，对吧？"

"对，连指甲周边的软皮也都一起剪了。要是我今天把指甲刀带来了，我就能给你们演示一下我是怎么磨指甲的了。"

话题继续深入下去，青木先生又谈到每次他都一定会把指甲刀带去高尔夫球场，以及 2004 年入选高尔夫世界名人堂时，在大会上向大家展示了自己爱用的指甲刀的轶事（顺便提一句，除了爱用的指甲刀，还展示了麻将牌和钓鱼竿。）

虽说话题是无意中谈起的，却因为看到了青木先生轻拍手掌的动作，我抓住时机再追问了一次。青木先生为了最大限度地发挥自己握力很强的优势，连把指甲磨平这样细微的小事都非常在意。通过谈话，我们对为高尔夫下了很多功夫、付出了很多努力的青木先生的人生观也有了进一步的了解。

如果谈话对象使用手势等身体语言，这一定是因为他一心想要把自己的想法好好地传达出去。

体察到对方的这个心情，弄清对方对于要说的事情有什么特别的讲究，就像解开谜底似的去提问，那么谈话的气氛一定会热烈起来。

而且，如果对方说话的时候能自如地做起手势，那说明他的状态是放松的。

所以说对方做手势的这一时机，可以称得上是你跟对方缩短距离的绝好机会。

千万不要漏掉对方辅以手势的谈话。

最后五分钟引导对方畅所欲言的绝招

你有没有过明明有想问对方的问题,却迟迟问不出口,磨蹭到谈话时间结束也没机会再问的经历?或是在完全没预料到的话题上谈得情绪高涨,又或是总觉得有些话不好当面说等诸如此类的一些情形?

想象一下这样的情况。谈话的一开始是闲聊,谈到正题的时候却不能像预期的那样顺利推进,说说这儿聊聊那儿,眼看着时间就过去了。这时候你开始在心里打退堂鼓,想着"今天大概是谈不了那事儿了",约定的谈话时间也只剩下最后五分钟。这时候不妨试着用用下面这样的表达:

"就这一点,无论如何我都想请教一下。"

"最后还有这一件事儿,请允许我来问一问。"

我把这样的表达称为"一招制胜的绝招"。我认为这些表达确实能达到这样的效果，在很多时候都用起来很方便。

首先，比较容易展开新的话题。

一般来说突然问起跟刚才大家正在聊的话题完全无关的问题，会被认为是个不会察言观色的家伙，但是用上面这样的句子来缓和一下语境，对方也会理解到是因为"谈话时间快要结束了"而换的话题，因此不会介意。

其次，谈话双方能互相确认要谈的这件事情的重要性。

用类似上面的表达开头，能跟对方对要达成的谈话目标产生共同的认识。对方察觉到"这是最后一个问题了"，心想"最后一个问题了，那还是得认认真真地回答一下"，从而自然而然对方也会有意识地"认真对待最后一个问题"。

更进一步地来说，这些表达还有助于对方的回答产生积极的变化。

因为意识到谈话眼看着就要结束了，所以大多数的谈话对象都能"从结论出发，言简意赅"地做出回答。几乎没有谁会慢悠悠地再来说些开场白，而是会用简洁的语言把自己要说的话进行概括总结。

"已经是最后一个问题啦？嗯，好吧，就这样吧。"对方一旦情绪松懈下来，经常会有意想不到的真心话说着说着就脱口而出的事儿。因此，这也是把最想问的问题放到最后，用"一招制胜的绝招"来引导对方谈话的技巧。

然而，堆到最后来提的问题多了可不行。因为说好了是"一个"，而且是"最后一个"，对方才会放下戒心，敞开心扉来进行谈话。

举个例子，比如说下面这样的情形。

会议结束，在电梯前告别的时候，"那个合同的事儿，后续怎样了？"

吃完饭，离开餐桌在收银台付账的时候，"跟那位的关系，之后进展如何？"

怎么样？在谈话的最后不假思索地想到什么就问什么的经历，大家都会有吧？

像这样直截了当的问题对方都能接受，也还是因为大家都知道这是最后一个问题的缘故吧。

最后我还想说一句，有时候对方聊得非常有兴致，而你却始终找不到机会问你最想问的问题，这种情况也是会有的。

不过这也没关系，我们最应该优先考虑的是让对方有一个"愉悦的心情"，让他带着"今天谈得真开心"的内心满足感来结束谈话满载而归吧。

"用最后的一个问题"来问对方自己最想问的问题。

把不善表达的人说的话概括之后再进行理解

从这本书的一开头,我就一直在跟大家分享怀着感谢和尊重的心情倾听他人谈话的技巧。不过,肯定也会有人持下面这样的反对意见吧。

"话虽这么说,不过对于不善表达的人说的话,该怎么听才好啊?"

确实是这么回事儿。肯定会有不管你怎样认真去听,也听不出什么名堂的时候。

毋庸置疑,对于那些"自己听了百害而无一利"的话,当然没有听的必要。

然而,对你来说只要有一点点值得倾听的理由,那么你应该还是很想能听懂谈话对象所说的话。

有时候对方的话太长,听到一半儿自己就开始走神儿。

有时候因为搞不懂对方到底想要说什么，听半天听不出个所以然而感到疲乏。

像这样的"听不下去的理由"，其实也都能成为我们磨炼自己的"表达能力"的反面教材。

我发现自己听不下去别人说的话，往往都是从自己觉得对方说的话"跟自己没关系"的时候开始。因此，我常常提醒自己要有意识地保持积极的倾听态度，要想着"<u>从对方说的话当中有所收获</u>"。

我建议要养成"把对方说的内容总结成一段话来理解"的习惯。

比如在早上的例会上听总经理讲话，会不会有很多人觉得"今天总经理又说了一大堆"的时候？不过，也就是这么想想就作罢了。

"总经理先说了天气，再说了新业务马上就要开始了，然后，最后说什么来着……"

那么，总经理最想说的到底是什么内容啊？

早间例会结束以后，回到自己的办公位，打开日记本，试着把总经理说的内容"总结成一段话"。这就相当于给自己上了"提高倾听能力"的一课。

> 把不善表达的人说的话加以总结进行理解，能够提高自己的倾听能力。

"连呼对方的名字"
以打断冗长的谈话

有一种形容说话方式的说法叫"像连珠炮似的",意思是指说话的人说话就像打机关枪一样,能哒哒哒一刻不停地说下去。

如果是搞笑艺人的表演,倒还可以因为觉得有趣而听下去。但放在日常生活当中,要是得一直听谁像连珠炮似的说个不停,一定会觉得听着累,而且也会不由得担心起时间。

以我的经验来看,在很多人一起谈话的场合,集中精神听其中某一位的发言也就能坚持 45 秒钟左右。如果超过一分钟,就会觉得"这位说的话可是有点儿长啊",慢慢地就听不进去了。

那么,究竟怎样做才能既不伤害一个劲儿不停地说话的人的情绪,又能成功地打断他的话呢?

方法之一就是看着对方,试着连呼他的名字。

在节目中主持政治家的讨论时,经常会遇到只有一部分嘉宾在一直发言，眼看着另一部分嘉宾还没发言而节目却面临结束的场面。

因为得让参加节目的所有嘉宾都均等地得到发言的机会，所以作为节目主持人，无论如何都得制止一部分嘉宾的这种"连珠炮似的"发言。

然而，这些政治家们都是身经百战的辩论高手，他们竭尽全力就是为了驳倒对方。就算我拼命地用目光暗示他们"发言有点儿过长了"，又或者哪怕节目组的助理们打出"离插播广告还有一分钟"的提示板，他们也不会轻易地打住。虽说如此，我总觉得毕竟人家正在发言，自己却开口用更大的声音来盖住他的声音以打断谈话，是特别没有礼貌、应该避免的事情。

在这种紧急关头，我发现若是按照下面这样的说法来提醒他们的话，他们大多会停下来听我要说什么。

"山田先生，山田先生……我明白您想说的意思，山田先生！"

像这样连呼对方的姓名，一直到对方做出反应再停下来。

这里面最重要的是，要在其中加入表示自己深有同感的话。

为什么这么说呢？因为对于那些用冗长的话来表达自己观

点的人，如果你表示出否定的意思，那么他会更加想要说服你，会越说越情绪高昂。

"山田先生，山田先生……。不是这样的，请稍等一下，山田先生！"

像上面这样的说法是行不通的。即使请对方停一下，他也永远停不下来。

"原来如此啊！""确实如此啊！"

必须要在连呼对方姓名时加入像这样的表示肯定意见的词语。这是这个谈话技巧的关键点。

人在听到别人叫自己的名字时，多少会变得冷静一些。

而且在听到诸如"原来如此""确实是这样啊""我懂您说的"这样表达共鸣的话语，内心会觉得满足，情绪比较容易冷静下来。

如果能在冗长的谈话中把说话权拿回来，并且成功地过渡到下一个话题或是自己想要谈的主题上去，那么我想交流能力会得到很大的提高。

> 要想成功地打断冗长的谈话，需要在连呼对方姓名的同时加入赞同对方意见的话。

对语速快的谈话对象，自己要先做到"慢慢说和会概括"

事情多的人、性子急的人……有因为各种各样的原因而导致说话语速快的人。

听他们说话的时候，我们心里想着"可千万别听漏什么"，脑袋瓜也跟着转得飞快。不过，事实上听语速快的人说话也有很多技巧。

下意识地放慢自己说话的语速。

成为谈话的领跑者，控制对方的语速。

在商业会晤的场合，因为在限定的会议时间内各项目标都想达成，不自觉地就会加快说话的语速。有时候心里一着急，连关键的结论也忘了说，一个接一个地抛出不同的话题……

而且，语速快还会传染。受说话快的人的影响，倾听的这一方也渐渐地语速加快。一对一的场合倒还凑合，如果是很多人在一起聚会，人人都按照自己的一套说个不停的话，慢慢地就谁也不知道别人在说什么了。我就有过这样的失败经历。

我认为倾听的一方需要注意以下两点。

第一，说话快的人其实并不会意识到自己说话很快。因为说话说得入了迷，所以倾听的一方提醒谈话的一方放慢语速非常重要。

话虽这么说，不过当面把"您语速太快，说慢一点"这句话说出口也很难。因此，倒不如自己先试着做到说话"慢一点儿，再慢一点儿"。

具体来说，试着将对方说的最后一句话慢慢地、如同鹦鹉学舌般重复一遍，仅仅做到这一点也会收到一定的效果。听到别人跟自己慢悠悠地说话，对方也能用这个间歇稍稍喘一口气，同时意识到自己说话太快，这之后语速和声调也会慢慢平缓。

第二，一边听一边概括总结。

这个方法对那些说话语速快，一味地喋喋不休说个不停，心里并没有想好自己到底要谈什么的人，或是对忙着从一个话题跳到另一个话题，却哪个话题都没谈出个结果的人来说，会有效果。就算在对方谈话的过程中插入评论也没关系，"是这个意思啊，原来您说的是……的意思啊"，抓住谈话正好告一段落的时机，适时把对方说的话加以总结。

用写文章来打比方，就如同把内容分项目进行总结，总结一条再来谈下一条。

明明对方在聊一些有趣的事儿，却偏偏因为对方语速快而导致没有人听懂，这就太可惜了。在这种时候施以援手，也许正是显示出你是个善于倾听的人的好机会呢！

听语速快的人说话的时候，自己要成为给谈话的速度定步调的人。

对腼腆的谈话对象，
"提一些容易回答的问题"

也有"不管怎样都不擅长跟人说话"的人。

就算是跟头一次打交道的人见个面他们都觉得紧张，打完招呼以后就不知道说什么好了，而且还不好意思表达出自己的意见。不过，即使是像这样容易害羞的谈话对象，也得尽可能地让他们放松下来，好继续展开谈话。

从我当记者，对各种各样的对象进行采访的时期开始，到现在担任节目的主播，我都一直要求自己做到这一点。

我们能做到的有以下这样一些事情。

如果感觉到对方很紧张的话，马上说一些表示跟对方同一阵线的话。

"真的让人觉得挺紧张的啊！"

"突然被问这样的问题，确实是很难回答呢。"

在句子的最后加上语气助词"啊"或"呢"，说一些能体会对方的紧张或是明白他"不知道怎样回答的心情"的话，对方也会由衷地觉得"身边有懂自己的人"，紧张也会稍稍得以缓解。

此外，在提问的时候，尽量地想办法让对方比较容易回答。

在前面讲过的问一些"能用数字回答"的问题的技巧也是这样。请记住一定要尽量问一些对方能够容易具体作答的问题。

如果对方是话特别少的人，首先问一些他能够用"是"或者"不是"来回答的问题，一问一答，多反复几次。让对方渐渐进入谈话的状态是我们首先要解决的问题。举例如下。

"您有兴趣爱好吗？"

"我有。"

"比如说旅行什么的？"

"嗯，对啊。"

"您去海外去得多吗？"

"嗯。"

"一年去国外旅行几次？"

"两次吧。"

"去年您去哪儿了？"

"去欧洲转了一趟。"

就算是回答问题也只是寥寥数语的谈话对象，像这样一问一答的方式，也会慢慢地形成谈话的节奏，变得比较容易聊起天来。

请一定在心里记得要尽可能地用一些容易使谈话内容展开的问题来问对方。

> 用好回答的问题来进行谈话中的"抛接球"，跟腼腆的人说话的时候，

能够使谈话顺畅进行的 "眼神交流"

虽然说交流的基本形态是一对一的,但是在职场或是朋友聚会上,也会经常有三人以上大家一起谈话的场面。

举个例子,假设现在由你、你的朋友 A 和朋友 B 三个人来进行一次谈话。三个人都是老朋友,不过朋友 A 很爱聊天,是那种一说起话来就滔滔不绝的人。

相反,朋友 B 性格谨慎,不是那种能够自发地积极地参与谈话的类型。不过这次因为大家很久没有见面,他也似乎有想要跟大家分享的话题。

在这种情况下,你体察到 B 的心情,承担起将谈话的"球"传递起来的责任,这就可以称得上是非常有礼貌的会交流的做法。

这里的关键点在于视线,也就是目光的交流。

你一边点头应和谈兴正浓的朋友 A 说的话，适当地说上几句来融洽气氛，一边也不忘时不时用眼神照顾到朋友 B。

"你也有什么想说的吧？""现在想不想发表点儿什么意见？"带着这样的信息，用眼神来暗示对方。

如果朋友 B 也正好是这个意思，他一定会用"眼神"再把这个意思反馈回来。这时，你就可以马上表示说："B 也有过类似这样的事情吧？""B 也好像有什么话想要说呢。"然后把说话的机会转到朋友 B 的身上。

比起让朋友 B 自己来打断朋友 A 的话，上面的这种做法不会把谈话的氛围破坏掉。

像上面这样的三个人以上的谈话时，如何维持谈话的平衡，让每个参与者都有发言的机会，是节目主持人的日常工作所要求的职责之一。

在参加电视节目的众多专家嘉宾里，有很多能够积极稳健地谈论自己主张的人，同样也有很多因为紧张而不善言辞的人。

为了让收看节目的观众不至于产生诸如"我也想听另外的嘉宾的意见，结果却没轮到他发言"这样的不满，作为主持人，就必须掌握好节目当中参与谈话的各方的平衡。

在这样的时候，我有效地利用了"眼神"这一交流的工具。

更进一步地来说，就算没有眼神的交流，及时捕捉到正在倾听的嘉宾的表情，然后想办法把"话筒"从说话的人转到听话的人的手中，这一技巧也同样有效。

在节目中，有时候会发现参与谈话的嘉宾当中，有人听着听着脸上泛起苦笑或是惊讶的表情，或是一边听一边大幅度地点头应和。这时候就算这位嘉宾没有说话，也能够从他的表情读出他想要表达的内容。作为主持人，只要适时说上一句"刚才××先生可是一边听一边在苦笑啊"，对方也好像是一直在等着我的这句话似的，"哈哈，是这样啊"，接过话头继续说下去。这是一个巧妙地转换谈话局面的方法。

记得试着下意识地练习一下让谈话顺畅进行的技巧，做到让在场的所有人都能心情愉快地享受谈话。

用眼神来进行交流，并将谈话的机会转给想要问问题的人。

用沉默去识破对方
谈话中的谎言

你有没有一看到这个标题就被吓得心里咯噔一跳?

要知道如果跟你谈话的人是个交流达人,那你一撒谎马上就会被看穿哦。

也许这么断言有点儿过了头,不过,人在撒谎或是想要隐瞒什么的时候,眼神看起来会有变化这事儿绝对是真的。

我原本就是干记者这一行的,因为工作关系,在不同的场合看到过很多这样的例子。

在做大案件的调查记者时,我曾经采访过一个犯罪嫌疑人,在闲聊的时候他能看着我的眼睛说话,可是一谈到跟案件相关的关键部分,他的眼睛就总是从左下方开始向斜上方瞟。

我试着问了他好几次,只要一问到那个关键问题,他的视线就瞟向左边,做出一副环视四周的样子,不过终究是一句话也没说。几天之后，他就被正式逮捕了。

"眼睛和嘴巴一样能够表达"，说的就是这个意思。

还有一次，因为得到了某一案件的绝密信息，我没有预约就直接跑去采访了担任此次案件调查的大阪府警察局所在辖区的副警长。如果这一案件属实的话，可就算是条特大新闻了。我靠近副警长的办公桌，在他旁边坐了下来，跟平常一样微笑着打完招呼以后，开门见山地就问起案件的事儿来。

"关于……一事儿，您这里已经把人给逮捕了，却还没有对外公开这个消息呢！"

副警长好像被我"跟平常一样的微笑"给彻底弄蒙了，一时竟不知如何回答是好。

"呃……"他开始显得坐立不安，视线转向办公桌的抽屉，不停地开了关，关了又开。

在这期间，我一声不吭地一直盯着副警长的脸看。

此时已是黄昏时分。在警察局里，副警长把他办公室里的七个抽屉都开啊关啊折腾了一个遍之后，终于开口说了一句话：

"小西女士，要不然我们一起去警长的办公室说个详细吧。"

这之后在警长那儿确认了绝密信息的真实性，果真成了一条特大新闻。

想要认清对方说的话到底是不是谎言，直截了当地问一些核心的问题是行不通的，得等对方的表情松弛下来才行。在对方精神松懈之后，用简短的问题去切中要害。

如果你像上面说的这样去做，对方的视线突然发生改变的可能性会非常大。你一定要抓住这一瞬间的变化。

> 想要问到事情的核心，得先让对方松懈下来。不要错过对方眼神里的变化。

仅仅是点头应和，也能成为对方的"盟友"

若是你心里有向往已久的偶像，他对你来说是个遥不可及的存在，或是你一直都希望能有机会当面听到某人的演讲或是参加有这样的人出席的社交聚会，而你恰巧又得到了这样的机会，这时候你会怎么做？

当你还在担心如果请求跟对方交换名片会被认为是不知分寸的时候，在你想要见的那个人的面前已经排起了等着见面的长队。眼看着会面时间马上就要结束，你还在迟疑不决不知道如何是好。"照这个样子，虽说是来参加了活动，怕是最后连招呼的机会也没有啊。"

像这种时候，我觉得没必要强迫自己跟人找话说。只要把"我今天来这儿是为了见到您并听一听您的讲话"这个心情传递给对方就足够了。

不过，若是你什么都不做，那你的心情自然也传达不了。

你所需要采取的行动就是进入对方的视线范围内。而且，若是能在对方也正好有"目光对视"的需求的时候刚好看见你，就最有效果了。

那么，什么时机才是最佳时机呢？如果拿社交聚会打比方的话，那就是对方当众发言的时候。再厉害、再身经百战的人，在众人面前接过话筒需要说点什么的那个瞬间多少都还是有些紧张的。他也会想"有没有人会热心听我讲话呢？"这样的问题，内心希望能在现场找到支持自己的人。

因此，你应该积极地成为你所支持的人的"盟友"和"伙伴"。

面向对方，嘴角稍稍上扬，一边倾听一边深深地点头应和，对方看到这个情景会觉得"这个人在认真地听我说话"，从而安下心来，还可能会因此记住你的样子。

若是有再次见面的机会，一旦谈起"上次您说的那件事情可真是很有趣"之类的感想，双方之间陌生人似的隔阂应该很快就会烟消云散吧。

听对方说话时站的位置也很重要，比起正对面，站在稍微斜前方一点儿会效果更好。

说话的人在放下发言最初的紧张后，慢慢地用眼睛的余光扫视现场听众，如果这时候和你的目光正好碰上，那便能产生让说话的人"安心"的感觉。

正所谓不露声色地进入对方的视线，不经意间成为对方的"盟友"。

这个技巧，在我试图跟世界级的大明星拉近距离时也派上了大用场。

这个大明星就是贝克汉姆，曾经是足球运动员的大卫·贝克汉姆先生。

2001年左右我被派到伦敦分局做新闻特派员的时候，贝克汉姆在欧洲已经是家喻户晓的大明星了，不过在日本还几乎不为人所知。

那时候我在担任报道欧洲以及中东社会局势的工作同时，注意到当地的大众娱乐报纸的头版新闻里每天都会出现一名足球运动员，我是从那儿才知道贝克汉姆的名字的。如大家所见，贝克汉姆就是日本人喜欢的那种类型的大帅哥。而且，在这之后的2002年，日韩世界杯赛马上就要举行了。

贝克汉姆在日本也绝对会大红大紫的！

因为确信了这一点，所以我收集了很多有关他的资料，只要有时间我就会带着数码相机去观看他所在球队在伦敦的比赛，为今后不管什么时候在日本做贝克汉姆的专题节目时都能有素材，我开始着手采访的工作。

虽说是着手采访，但其实我根本就没有直接采访作为球星的贝克汉姆的机会，能够参加世界各国媒体齐聚一堂的记者见面会就已经是竭尽全力了。为了在记者会上能够给贝克汉姆留下哪怕是那么一点点印象，我一直尽量找能进入他视线范围的座位坐下来。

此处的关键点在于坐的位置。不要坐到正对面，而是选择稍微斜方向的比较靠前的位置。

我专门挑那种贝克汉姆转移视线时就正好能看到的座位。

因为我觉得坐正对面的话，直视对方会无形中给对方施加压力，而对方在被直视而感到压力时会下意识地转移视线，如果这时能够正好跟你的视线相遇，就能使对方产生"被安慰"与"安心"的感觉。

而且，在视线相遇的时候，我会深深地点点头，用目光发出"我支持你！"的电波。

贝克汉姆的球队去外地比赛时，比赛前和比赛后粉丝们会一起在球队入住的酒店门口欢迎和欢送球员。在这些事儿上我也下了一番功夫。

在球队入住的酒店门口等待即将从大巴上下来的球员们的时候，我也会事先确认好球队的行动路线，确保自己一定站在能不动声色地进入贝克汉姆视线的地方。球队从酒店出来的时候也同样如此。

128　温暖的氛围：5分钟建立信任　　第二部分　磨炼倾听能力的方法

在坚持注重细节的作战策略一年左右之后，贝克汉姆终于渐渐地对我有了印象。于是，在我的数码相机里出现的贝克汉姆，正对镜头的画面越来越多，很显然这些都成为日后能用得上的很好的采访素材。

随着贝克汉姆在日本的人气高涨，我也开始自诩为"贝克汉姆专职记者"，发型、职业俱乐部的转会等只要跟贝克汉姆有关的话题，我都会跑去采访，累积下来一共跑了八个国家的十四个城市。

在采访的过程中，我终于在荷兰等到了贝克汉姆和当时在意大利帕尔玛足球俱乐部踢球的中田英寿参赛的一场比赛。和平常一样在机场等待迎接贝克汉姆，面对我递过去的话筒，他接受了采访。

"马上就要碰上来自日本的球员中田英寿了，您觉得怎么样？"

"嗯，是的，我非常非常地期待！"

终于等来了这一刻！我第一次单独采访到了贝克汉姆！

这是我花了近一年，通过一点点的努力让贝克汉姆记住我而终见成效的一个瞬间！

这个情景在节目中被播放出来的时候,电视上打出了"此时此刻,两人之间零距离!"的字幕,看到这一幕我自己也是惊叹不已。

对于那些很难轻易接近的谈话对象,不妨试一试我上面讲的这种方法。如果能够为你提供一些参考,就再荣幸不过了。

> 没有机会进行语言交流的时候,用点头应和去一点点地建立信赖感。

专题二
讲究谈话中坐的位置
也是一种"倾听能力"的表现

　　根据和谈话对象的关系远近，选择交流时坐什么样的桌子，怎样落座，用什么样的照明。这些细节弄好了，有可能会促进双方之间更好的谈话。你有没有考虑过诸如此类的问题？

　　跟客户的商业聚餐，或是跟恋人的第一次约会，如果你根据谈话场景和谈话目的的不同，对会面地点以及坐的位置下一番功夫的话，谈话氛围也许会大大改变，还有望达到拉近和对方之间距离的目的。

　　接下来我就来介绍几种"知道了也许能有所帮助"的就座方式。

面对面坐

　　这是最让人觉得紧张的坐法。在做访谈节目时经常会采用这样的方式，被采访的人心里也很清楚这是要做正面交锋了。

在非常正式的氛围下，想要严格地按谈话计划推进的时候，或是要确认合同的具体事项等商务会议的场合，都可以选用这种面对面的坐法。

而且，在这种场合下选用的桌子过大，会让人产生警惕戒备的心理，谈话双方的关系很难接近。

L字形坐

这是最容易谈话的坐法。正式和非正式的场合都能使用，并且能够在谈话中一边试探与对方之间的距离感，一边来营造相应的谈话氛围。这样坐，可以不用老是盯着对方的眼睛看。

曾经有一位政治家嘉宾，在节目中谈得尽兴的时候，把脸凑过来悄悄地跟我说："接下来的这事儿，我只能跟你说……"这要是面对面坐的话，可就不能把脸凑得这么近，也就没机会听到什么秘密的话了。

并排坐

要是想跟对方变得关系亲近，我推荐这种坐法，亲密度会大大增加。因为不互相对视也没关系，所以很适合谈一些比较深刻的话题，或是想征求对方意见，却又很难开口的事情。

在这种场合下使用的椅子也有讲究。跟那种在吧台里常见的，坐上去两条腿能自由摇晃的高椅子相比，能让就座的人的双脚够着地面的安安稳稳的椅子会更合适。因为这样能让身体的重心往下，心里会觉得更踏实一些。要是在面前再点上一盏小小的蜡烛，那么就算不是情侣，也会起到放松身心、集中精神的功效。

木制圆桌＋能把腿伸展开的脚炉式座位

很多人在一起谈话的时候，这种入座方式能让聚会的气氛热烈起来。

从当政治部记者到刚做节目主持人那会儿，演播厅里的桌子就是这种形式。傍晚时分的新闻报道节目"News Plus 1"，里面有一个叫作"一吐为快的爆炸大辩论"的 25 分钟特别栏目，在这个栏目里我每次需要邀请四五位政治家嘉宾进行激烈辩论，但好在现场是个大圆桌，我能看见每一位嘉宾的脸，在辩论中也比较容易插上话，说上一些诸如"某某先生，刚才好像一直在苦笑啊"这样的引导辩论的发言。另外，因为是脚炉式的座位，互相看不见下半身，腿和脚没有端端正正地放好，别人也不会察觉到，因此参与谈话的嘉宾们身体就不用绷得那么紧，能够适当地放松一下。

虽说那时候作为主持人我还非常不成熟，但因为演播厅的这种布置，我也做到了让辩论从一开始就进入白热化。

白色圆桌＋整体昏暗照明＋聚光灯

在录制"斗论——辩论激战"这个为时一小时的辩论节目时，演播厅里采用了这种布置。

把演播厅整体的光线调暗，只把灯光打在围着圆桌落座的参加节目的人身上。仔细看，你能发现在嘉宾的身后摆放着摄像机，嘉宾在亮处，摄像机在暗处，现场的环境就是这样的。

人们常常拿"篝火"来形容辩论，从四面八方向"篝火"里添加木柴，烧得越旺越能成就好的辩论会。从这个意义上来说，能让辩论会的"篝火"一开场就烧起来的，是上述这种就座的方式。我真实地感受到，就算同样使用的是圆桌，但是照明的手法不一样效果也会非常不同。聚光灯产生了不用在意周围那些无关紧要的事物，把精神集中到说话这件事情上来的效果。

不太近，也不太远。跟谈话对象保持适当的距离，这是会倾听的一大技巧。

当你想要聊一些平时不轻易谈起的话题时，如果能在打造谈话环境方面多加留意，那么哪怕仅仅只是做到这一点，谈话内容的充实度也一定会不一样。招待客人、商务会谈，或是想要搞气氛的女孩子们的私人聚会，在各种各样的场合你们都可以借鉴上述方法，自己来试一试。

A warm atmosphere

第三部分
磨炼表达能力的方法

让对方在谈话中感到心情舒畅，既能让他把自己想要表达的说出来，又能引导他来回答我们想要问的问题。

在练就了这样的"倾听的技巧"之后，接下来就该磨炼一下能够让对方愉快地听我们的谈话的"表达的技巧"了。

那些善于谈话的人实际使用的"有效地表达自己想法的技巧"到底指的是什么呢？如果列举要点的话，可以归纳为这样三点：

（1）对谈话对象的尊重。

（2）"预热"话题与谈话内容的张弛有度。

（3）语句精练才会让人印象深刻。

首先，向对方传递出"非常高兴能够和您谈话"的信息非常重要。只要对方感受到来自你的尊重，作为倾听的一方，对方也会向你敞开心扉，愿意来听你说的话。

在这个良好的基础上，你来说对方来听。不过如果你只是一味地说一些冗长而且主题分散的话，对方也会觉得听得无趣，以至于感到疲倦。我会有意识地在展开话题时注意轻重缓急，对自己接下来要谈的话题事先做一些"预热"。

另外，每句话都尽量简短，做到语句精练。将每句话断成比较短的句子，对方听起来会更容易理解，谈话的节奏也会变得顺畅。

"跟这个人谈话不仅感觉放松，而且他说的话也浅显易懂。"

如果能让跟自己谈话的人产生这样的想法，那就算是一脚踏进交流达人的门槛儿了。

接下来，除了谈一谈这三大要点的具体实施方法，我还会把自己从无数善于交流的嘉宾那里学来的谈话技巧跟大家一一分享。

在谈话中称呼对方的名字

那些能给人"真的很善于交谈"印象的人,他们的共通之处有哪些呢?

我绝对有把握说的一个共通之处,就是他们会在谈话中称呼对方的姓名以示尊重。如果被谈话的对象在交流的时候很有礼貌地称呼自己的名字,无论是谁听了都会觉得开心。

我自己也偶尔会有在录制节目的过程中被嘉宾叫名字的经历,他们有时候会说:"小西女士,刚才你这样说了呢!"

对我这样说的人当中,有作为演讲高手而闻名的曾经做过总理大臣的人,有因为演讲而红遍全国的经济学家,还有以深入浅出、浅显易懂的演讲而为人所熟知的历史学家。

那些被称为交流达人的人,可以说几乎百分之百都是这样,他们会在谈话中寻找适当的时机称呼对方的姓名,都有着能使谈话越谈越起劲儿的技巧。这一点给我留下了深刻的印象。

这其中尤其能让人觉得开心的场面是，哪怕双方才刚刚认识，对方却能一下子记住你的姓名并且在谈话中亲切地交谈。

在做节目直播的时候，就有过这样被嘉宾称呼姓名的瞬间，那一刻我能感觉到自己的内心一下子安定了下来。

在节目中，嘉宾们称呼我为"小西女士"。通过这个称呼，让我感觉到他们不仅是把我当作节目的主持人，更是把我作为谈话的对象来尊重，意识到这一点，让我从心里觉得高兴。

谈话中的紧张因此得以缓解，自己也会打心眼儿里觉得"应该给予对方同样的尊重"，从而能够快速拉近跟对方之间的距离。这个瞬间会成为谈话气氛由拘谨到热烈的一个转折点。

先称呼对方姓名，再来谈论正式话题的表达方法有很多种：

"某某先生，正如您刚才所说，我也……"（表示同意对方观点）

"某某先生，也许您早已知道……"（开场白）

"某某先生，您也是这样考虑的啊。"（表示同感）

如果谈话对象是以前就认识的人，那么对方的样子和名字早已装在脑子里，在谈话的时候一边适时地称呼对方的名字一边来推进谈话，应该不是什么太难的事情。

相反，若是在初次谋面的场合也想做到适当地称呼对方的名字，那就需要有意识地这样去做。也正因为如此，如果做到了这一点，一定会收到更好的效果。

面对面的时候，就算不互相称呼对方的名字，谈话也能正常进行。但即便如此，也还是先称呼对方再进入正题，这样会让对方感到自己被尊重。那些一下子就能让谈话对象的心情放松下来的交流达人们都是这样做的。

通过称呼对方的名字，来显示出对谈话对象的尊重。

绝对不要弄错对方的名字

在前一个章节里我讲到了会交流的人的共同点之一，是他们会在谈话中适时地称呼对方的名字。事实上，在称呼对方时，还有一点也非常重要。

那就是，绝对不要弄错对方的名字。

在我主持的节目当中，多的时候有过同时邀请六位嘉宾来参加讨论的情况。

大家围着圆桌落座，作为主持人我会用类似"是的，××先生。""接下来有请××先生，您是怎样认为的呢？"这样的话引导大家展开辩论。我和参加节目的嘉宾们几乎都是初次谋面，几分钟前我们刚交换名片就紧接着进了演播厅，并且这是没办法重录的现场直播的辩论节目。这样的事情我经历了很多。

参加节目的嘉宾一眼看上去都是穿着深色西装的男性。我还没能抓住每位嘉宾的特征，就直接开始了节目的录制，说起来会让人觉得匪夷所思，但是我真的有过把嘉宾的名字叫错的失败经历。

在这种时候，被叫错名字的嘉宾为了不让主持人感到丢脸，几乎百分之百都会选择保持沉默，不去纠正这个错误。一般都是要么旁边的嘉宾马上出来帮忙纠正，要么就是节目组的工作人员拿着写着正确名字的提示牌来给我提示。

这是作为主持人绝对不能犯的错误。把特意来参加我们节目的嘉宾的名字说错，是非常没有礼貌的事情。我又觉得抱歉，又觉得丢脸，自己一个劲儿进行了反省。

这件事以后，为了绝不再犯同样的错误，我按照嘉宾的入座顺序把他们的名字记录在一张备忘纸上，而且我把这张座次表偷偷地贴在谈话的桌子上，以防被嘉宾们发现。

名字的读法，也得多加注意。

举例来说，在日本"荻原"这个姓氏，既能念"Ogihara"，也能念"Ogiwara"。"熊谷"这个姓氏，能念"Kumagaya"和"Kumagai"。最初我以为"笹川"这个姓氏只能念"Sasagawa"，没想到也有念"Sasakawa"的时候。对于有多种读音的姓氏，真的需要多加小心，反复确认。

公司的名称里有"日本"两个字时，也会出现"Nihon"和"Nippon"两种发音。

"……研究所"也会根据研究所前面的名称,而出现"Kenkyusyo"和"Kenkyujo"两种不同的发音。

人的名字、公司的名称、头衔职务等的读法,一不小心就会有"陷阱"。

对自己能否说对嘉宾的名字,哪怕只是抱有一丁点儿的担心,哪怕面对的嘉宾只有一位,我也没办法安下心来。我总是用平假名给嘉宾的姓名做好发音的标注,并悄悄地把这张备忘条放在自己能看得到的地方。

再重复说一次,绝对不能把对方的名字和头衔说错。

之所以这样说,是因为万一你说错,对方也不会轻易开口来纠正。结果自己在没有觉察的情况下,一而再再而三地说错,那就太失礼了,可以说是糟糕至极,对方对你的信赖感会丧失殆尽。

如果碰上跟很多人初次见面就一起开会的情况,我建议你在自己准备的资料不显眼的地方,按照大家落座的顺序快速地把名字记录下来。如果碰上容易弄错读音的名字,记得加上发音的标注。

在对多音字的读音不确定的时候,可以在一开始就询问对方:"请问是念……吧?"在接过对方名片的时候进行确认,我觉得这不算是没有礼貌的事情。

重视对方的名字。仅仅做到这一点，也一定能让对方感觉到尊重。

在这里给大家讲一个在"深层 NEWS"节目现场直播时发生的一件事，一件最终以大家的欢笑收场的趣事。

那天的主题是"金枪鱼危机和我们的饭桌"，节目邀请的嘉宾是外号为"鱼博士"的一位专家，他对海洋生物了如指掌。一开始鱼博士就用自己绘制的插图，非常幽默地给我们讲解了金枪鱼的种类，节目在欢快的气氛里顺利进行。随着讨论逐步深入，节目也进入了高潮，接下来要请鱼博士从专家的角度来对今后要面对的金枪鱼危机这个话题做出评论。这时候坐在我身边的《读卖新闻》的近藤和行说了这样一句话：

"刚才，就像金枪鱼博士所指出的那样……"

啊？金枪鱼博士？

谁也没想到近藤会把"鱼博士"说成"金枪鱼博士"，大家都吃了一惊，就连鱼博士本人也一边说着"什么？金枪鱼博士？我是鱼博士"，一边在现场表演起他惯用的模仿鱼跟大家打招呼的招式。演播厅里哄堂大笑，总算是没有酿成大错。

名字的读音也要认真确认，绝对不能出错。

与其夸耀自己，
不如爆料自己的糗事

闲聊时如果找不到话题，与其吹牛皮，不如谈一些自己的尴尬和失败，后者绝对效果更好。

在谈话中爆一些自己的缺点或弄砸了的事儿之类的料，也就是通常所说的讲一些"自嘲的段子"。这种方法缓和现场气氛的效果，可以说是非常棒。

作为关西人，但凡自己做事做砸了，跟一般人会有的"啊！糟糕！"的想法正好相反，我会觉得有趣，然后想着如何能把这事儿弄成个段子讲给别人听。我在这儿跟大家交个底儿，我还曾经特意把自己搞砸了的事儿记下来，免得日后给忘了。

也许关西人天生就是爱给大家逗乐儿的性情，不过，并不是拿伤害谁来取乐，只是通过拿自己开涮来拉近和谈话对象的距离。一眨眼的工夫就能创造出现场的"融洽"氛围，这也可以称得上是谈话的一种技巧。

话虽如此，但没办法做到像关西人这样在日常生活里自然地使用自嘲段子来搞气氛的人，一旦强行拿自己开涮，总会让人觉得有一种很悲壮的、拼命做却做不好的感觉，周围的人反而会觉得扫兴，也会适得其反地使现场气氛出现的冷场的状况。

所以，闲聊时不要考虑太多，尽量简单一些，记得比起跟别人夸耀自己，多聊一些自己的糗事儿就好了。

比如走错了路、打错了电话、裙子不小心被撑破了、早上一着急把袜子的左右弄反了之类的事儿。像我就经常喊着"眼镜不见了"到处找眼镜，结果却发现眼镜就架在脑门儿上呢。最近我更是在拿着手机跟人打电话的时候还在到处找手机。

"啊！我搞砸了！"这样的日常生活中的失败的小插曲，谁都一定会有。不一定非要逗笑他人不可，谈一些小小的糗事啊、尴尬啊就足够了。

如果你把自己彻底放开，那么做好各种自我保护措施的谈话对象也会放下心底的防备，双方之间的亲近感和共鸣就会大大增加。这一招在初次见面的时候效果尤为明显。

这里面非常重要的一点是，开玩笑的段子只能是针对自己或自己家人的。

绝不通过贬低他人来达到搞笑的目的，这是必须遵守的原则。

在本小节的开头，我跟大家坦白说我曾经记录过自嘲的段子，那其实是记录我自己的一些糗事，是为了日后跟同是关西人的闺蜜们闲聊时准备的谈资。

在他人看来也许会觉得莫名其妙，不过我周围的关西闺蜜群，只要是隔了段时间才见面，大家一定会互相讲一些"最近的最有趣的自嘲段子"来逗乐对方。如果拿牛肉的等级来打比方，那大家的自嘲段子的自嘲程度就相当于牛肉的最高等级了。大家聚在一起的时候总是热闹非凡。

跟人闲聊也是需要练习的！这和做运动的道理一样。为了不输给我的那些关西闺蜜们，我也常常会把自己准备的段子不断地讲给周围的熟人们听，操练并打磨讲这些段子时的步骤，该如何停顿，以及怎样发出有底气的声音，力争全力打造"小西美穗版本的搞笑专辑"。

哎呀呀，要说我们关西人啊，从某种意义上来说还真是挺麻烦的呢。关西人对通过搞笑取悦他人这事儿，简直是喜欢到了无以复加的程度。从这个意义上来说，关西人都是极端乐于为他人服务的人。

> 不要用贬低他人来搞笑，要爆料自己的缺点和糗事儿。

纠正说话中常有的小毛病

"呃……""那个……""这个……"

在说话的时候不知不觉地就会出现上述这样的口头禅。事实上几乎所有有这个毛病的人，都是在自己不注意的时候形成的。

这些口头禅听上去就几秒钟，不过要是说话的一方总这样说，听的一方也慢慢地会介意起来。自己有这样的毛病通常察觉不到，但是对别人有这样的毛病却都很敏感。

我觉得说话的时候有这种毛病的原因之一在于说话的人"很害怕谈话中出现空当"。

说话的人想要挽救谁也没说话的一瞬间的沉默，而说出一些毫无意义的词语。

之所以害怕谈话中出现的沉默场面，根本的原因还是"紧张"。要想从根本上解决这个问题，就得从紧张里逃脱出来。

对自己说"是什么样儿，就做什么样"就好了（关于消除紧张的做法，请参看专题一）。

同时，我还有一个方法想推荐大家试一下，那就是为了让自己意识到自己说话时有哪些毛病，你需要有"审视自己的时间"。

具体来说，你可以用录音笔或手机把自己说话的声音录下来，然后再反复回放听一听。

啊……！我都说了些什么啊！天啊，还是不要了吧！

审视自己说话中的毛病，真的会让人很难为情，是苦闷至极的一种修行。但是，一定要相信，只有克服了这一步，你才会有成长。

就连我本人，说了这么一大堆，其实很长时间以来，我都一直郁闷于自己说话的时候会有动不动就说"那个……"的坏习惯。我也是一直在通过各种努力去想方设法地改善。

"人啊，谁的一辈子里都会有发现自己不好的地方的时候。虽说会让人既不开心又难为情，不过你自己要是不好好地面对它，那你永远也改不了。只有那些想要战胜自己缺点的人，才能成为更好的自己。"

这是一位表演指导老师说的话。我被这些话所激励，为了改掉自己说话时的坏毛病而去做了进修。

有意识地加以练习，仅仅是做到这一点，就能让那些口头禅出现的频率从 20 秒一次变成 30 秒一次，再变成 50 秒一次……慢慢地得到改善。

来吧，让我们拿出勇气把自己说话的声音录下来听听吧！

要想改掉说话时的小毛病，拿出勇气来录音试试看！

忍耐两秒再去打破沉默

在前一个小节里,我谈到了"因为害怕冷场而说一些毫无意义的话"这种情况,不过就算是明明已经开始谈话,却还是会有"为了不让谈着谈着就无话可说而拼命找话"这样的情况发生。

举例来说,节目组请来嘉宾,在跟嘉宾展开谈论的过程中,对方正在发言,我的脑子里却在想着接下来要问的那个问题。这样的事儿我曾经经常做。

因为心里担心对方一说完,自己如果不马上接着提问,就会出现难熬的沉默的空当,所以我总惦记着准备下一个问题。

不过,其实这样做正是犯了一个大错。我从中途开始就没有在认真倾听,而仅仅只是在等对方把话说完,就算对方的谈话中出现了好的话题,也被统统忽略掉,甚至有时会迷失谈话的方向,提出一些文不对题的问题。

所以一定要强压住去考虑下一个问题或是偷瞄自己准备的笔记这样的念头。要看着对方的眼睛,仔仔细细地去听对方说的话。

然后,从对方说的话当中找到接下来想要进一步展开话题的线索,以此为基础来努力提问。

在无论如何也想不出该问什么问题的时候,我们一直都担心的谁都不说话的沉默局面就可能会真的出现。

这时,把对方最后说的那句话再照葫芦画瓢重复着说一次也可以。前文当中我已经介绍过这种"不知道怎么办的时候就鹦鹉学舌"的方法了。

仅仅通过重复对方说的最后一句话,用"就是……的意思啊"也能把谈话延续下去。

即使这样做,谈话也还是有陷入僵局的时候。这种情况下该怎么办?

这也没关系。事情并没有你担心的那么严重,谈话中出现的沉默并不会破坏彼此对对方的印象。

我的个人感觉是,就算谈话中出现两秒钟左右的沉默,谈话也还是会顺畅地进行下去。

仔仔细细地倾听,然后认认真真地提问。我认为只要向对方展示出这样的谈话态度,就一定会催生出坦诚的交流。

能够让谈话的节奏变得舒适的"停顿间隔",可真的称得上是"匠人的技术"。我会常常听一听落语或是广播,用心揣摩和学习这一技巧。

不惧怕谈话中的沉默,把对方说的话好好地听到最后。

在最想谈的内容前
先做好"预告"

在给上司做汇报、跟客户洽谈或是做方案展示等场合,在最希望对方听到的内容前面准备好提醒信息,这种事情很常见。

在向对方表达自己最想说的事情时,怎样打开话题才最有效呢?

我有一个珍藏的好方法,它能让向对方表达的信息发生戏剧性的变化。

我称之为"预告词",一直以来我自己都很重视使用这个方法。

这是一种能向对方发出"接下来要谈的内容非常重要"的预告,是能成功地吸引到对方注意力的有魔力的表达方式:

"从结论出发来说……"

"一言以蔽之……"

"关键在于……"

在说正事儿之前仅仅加上上述这些预告性的表达，对方就会自然而然地想到：

"接下来要说的是这件事情的结论！"

"接下来要谈关键的地方了。"

"这可得好好听一下才是啊。"

也就是说，对方也会调整状态，做好"倾听的准备"。

这一点可以说是非常重要，具有能让对方集中注意力好好倾听的效果。结果当然是你认认真真做了很多准备的"最想说的部分"能够直截了当地传达给对方。

相反，对于倾听的一方来说，最痛苦的体验是什么呢？

那就是对听到的内容，因为完全分不清听到的到底是"结论"还是"开场白"，或者"只不过是些无关紧要的闲聊"，所以只能一边试探一边不得不准备提问。

对于自己集中精神好不容易听到的内容，听到最后对方却偏偏又说"刚说的那些不过都是些道听途说罢了"，或者"我说的都是些无用的"之类的话，怕是再也没有心情听他说下去了吧。

想说关键内容的时候先做"预告"。这是能给对方留下亲切的印象以及能把你想表达的内容确切地传达给对方的一门技术。

同时,这也是对对方(倾听的一方)的一种尊重。

在传达信息之前,先用"预告词"提醒对方做好倾听的准备。

反驳他人意见时
先用"引子"做铺垫

作为主持人,在组织嘉宾们讨论的时候,我注意到那些很会反驳他人观点的嘉宾,在谈话方式上有一个共同之处。那就是在反驳他人观点之前,他们都会用一些话来做"引子"。

那些擅长阐述跟对方不同意见的人,往往都会先使用诸如下面的这些表达,再来发表自己的观点。

"也许您早已经知道……"

"在那一点上我非常理解,不过……"

"我也想发表一点儿我自己的观点……"

"也许我认识得还不够,不过请允许我指出一点……"

如果你听到这样的开场白,你会怎样想?

"对方大概是要从跟我的意见不一样的角度提问。"

"那我可得好好听听了。"

至少,你会做出类似上面这样的心理准备吧。

也就是说,在提出不同意见之前,先做一些铺垫,对方听到后也会做出相应的心理准备。一边倾听一边考虑接下来要说的话,会更有利于发表自己的想法。通过这样的方式,谈话的流程会变得更顺畅,并且能让讨论不断深入。

反驳他人观点时,加入适当缓和气氛的语句,可以避免让彼此都难堪。也就是说,在反驳他人观点之前说的"引子",具有抑制双方发生言语摩擦的作用。

既不缺乏尊重对方意见的态度,又能委婉地向对方传递出"接下来我要说一些跟您意见不同的话",促成双方进行建设性的交流。

这是擅长提出反驳意见的人具有的高超的交流技巧。

与之相反,如果冷不丁突然遭到别人的反驳,还没等把对方的话听完,已然因为感觉到"自己的意见被全盘否定"而心生不快了吧。

同样,在反驳别人之前做的铺垫如果是带"否定"的铺垫,也只会起到适得其反的效果。

请记住，如果你用"虽然您这么说""不过""但是"之类的否定词来开始你的谈话，那么结果只会是让对方更加想要坚持自己的观点。这一点一定要多加注意！

提出反驳意见时，先用缓和气氛的"引子"做铺垫。

谈话中不要给对方
打不好的"预防针"

在前面的第6节里,我谈到了在传达重要的事情之前先做"预告"会事半功倍。不过,根据说话场合的不同,也会有一些容易产生适得其反效果的前置表达。

前文中列举的"从结论出发来说……""一言以蔽之……""关键在于……"之类的表达,都是能够让对方安心的好的"预告"。

试想一下,如果你听到下面这样的话会怎么想。

"我的谈话里会有些准备不充分的地方。"

"因为紧张,我可能说的没有条理。"

"我要说的话可能会有点长。"

尤其是跟上司或长辈说话,或是对自己要说的内容缺乏自信,这些时候都常常会用这样的表达。

总之就是从一开始就为自己辩解,还没进入正题,就忙着告诉对方"自己要说的话既不有趣,也不是什么要紧的事"。

就算会让自己给对方留下负面印象也非要说这些话不可的理由,无非是想"拉低对方的期望值,能不出丑就完事儿"的自我保护心理在作祟。

不过,站在对方的立场上想一想,在谈话一开始就被打这样的预防针,他们会是怎样的心情呢?

"是还没准备好吗?没问题吗?……"

"没有条理?那岂不是所有的内容都得注意听才行啊……"

"啊?话比较长?可是我时间不太多啊……"

怎么样?听那些从为自己辩白开始的谈话,老实说会让人觉得很有压力。而且,还会产生些不必要的成见。

也许是因为想要掩盖紧张,也许是因为没有自信,我想一开始就先为自己辩白的理由会有很多种。

不过,若是你给人打的是不好的"预防针",那还不如什么都不做就直接开始谈正题更好。

我是这样认为的。

> 谈话中为自己找借口推脱责任的不好的"预防针",不打也罢。

最想说的话要最先说

现在我负责"news every."节目里的叫"为什么是这样？"的单元，这是一个专门对大家感兴趣的新闻进行深度解读的一个栏目。

在做这档节目的时候，我始终注意使用"语句精练才能让人印象深刻"的谈话技巧。

每句话都尽量简短，做到最后一个词也吐词清晰。而且，把最想要表达的内容放在谈话最开始就说。

举个例子，在介绍有剧毒的杀人火蚁时，我把收集到的各种信息罗列在一起向观众做了介绍：

"火蚁是原产于南美的一种蚂蚁，呈红褐色，体长为 2 到 6 毫米。它的攻击性非常强，用位于腹部的毒针对其他生物进行反复蜇刺，被攻击的对象会因蜇伤而出现过敏性休克甚至死亡的情况。火蚁对人类同样具有攻击性，在海外已经出现过这样的案例。可以说火蚁是非常危险的一种生物。"

这段话归根结底最想说的其实就是"南美火蚁是非常危险的生物"。不过，照刚才的这个表达，不听到最后怕是听不出来，得听个几十秒钟才能最终听明白。

那么我们来换种说法看看怎样：

"南美火蚁是一种非常危险的生物。之所以这么说是因为它的攻击性非常强。它能够使用其位于腹部的毒针对其他生物进行反复蜇刺，……"

直截了当，开门见山，要说的话开口三秒就能传达给对方。每句话做到短小精练，倾听的一方会很容易就理解听到的内容，也更容易在大脑里留下印象。

如果您正好有"每次都事无巨细地做了说明，却就是没办法让对方理解"这样的烦恼，那正好有意识地试一试 "把每句话说得简短，把重要的事儿放在最先说"的谈话法则。

另外，先说一些诸如"理由有三"这样的含有数字的预告，也能给予倾听的一方安心感。在你的讲述比较长的情况下，试着把这个技巧也拿出来一起用用看吧。

最想说的话最先说。说话内容长的时候，记得用含有数字的预告让对方有心理准备。

利用便签条准备好说话的顺序

平时我去听演讲的机会比较多,偶尔也会碰到"很难坚持听到最后"的那种演讲。

是自己特意找时间去听的演讲,而且还是非常想要听的人做的演讲,演讲的主题也是自己感兴趣的,可是就是听不进去。

究其原因,就是因为演讲人说话的逻辑让人无法理解。

说话的人现在讲的到底是结论?还是支持结论的论据?论据又有几个?论据是客观事实还是自己的主观判断?

说话的人没有给听众交代清楚每句话在整体中的定位以及每句话之间的相互关系,他自己也是一片混乱,一会儿说说这一会儿又说说那。听这种想到哪儿说到哪儿的谈话,是一种精神上的压力。

我自己在说话的时候也尽一切可能避免出现这样的情况,

在众人面前要讲比较长的话时，我会事先"把谈话的梗概整理好"。

在这样的时候，我推荐大家用的工具就是"便签条"。

便签条的好处在于粘贴和移动都很方便。而且，还能根据便签条的颜色和尺寸大小对内容进行分组。

我通常的做法是在每一张便签条上，把自己想要说的内容一条一条写下来，"啪啪啪"地在面前一字排开。

然后看着自己排列的便签条，按照结论──→论据──→补充说明的顺序，从上到下进行排列。

在此基础之上，如果想到了"在论据之上再加点儿点缀"之类的具体的点子，那就把它记下来并贴在作为论据使用的便签条的旁边。

就如同一棵树的主干和枝叶一般，把"话题的梗概"与"对梗概进行补充说明或是内容扩充的部分"之间的关系用看得见的方式表现出来。

把这些便签条贴在一张 A4 纸上，无须再加任何修饰，就能在谈话时放在手边作为参考。

能够让自己说的话明白易懂的大前提在于，事先要在大脑里整理好要谈的内容的顺序。

千万不要想到哪儿说到哪儿，提前做好准备非常重要。我在制作自己企划的录像节目时，一定会照上面介绍的方法那样去做准备。

若是你有做演讲或是在很多人面前说话的机会，一定记得试一试这种方法。

利用便签条，整理好说话的顺序。

根据对方的反应而灵活调整谈话的深度

明明对方在很热心地跟自己谈话,自己却怎么也跟不上对方谈话的节奏。

虽然心里不知如何是好,却也没办法把这个困惑告诉对方,眼看着时间一分一秒地过去了。这样的事情,你有没有经历过?

站在倾听一方的立场上来说的话,在前面第二部分的第14小节里我已经做了介绍,遇到这种情况的时候,不要不懂装懂,应该坦率地把自己的困惑说出来。

那么,作为说话的一方又该注意些什么呢?那便是要勤于关注对方在倾听时的反应。

对方有没有听得心不在焉?

对方有没有感觉不太认同的地方?

对方有没有露出看起来摸不着头脑的表情？

像"听不懂""不知道"这样的话，说不定对方很难自己说出口。

因此，如果说话的一方感觉到了就主动问一问。

"对不起啊。我的说明是不是有些听起来不太好懂啊？"

"有一点儿比较难理解对吧。从哪个地方开始觉得比较难懂呢？"

关键点在于，自己先开口，主动检讨"自己说得不太好"。

经常会有说话的一方用"你懂不懂？""明白了没？"这样的表达来询问意见，倾听的一方也大多会不由自主地点头说："嗯，听懂了。"

于是说话的一方想"哦，听懂了就好"，以为对方确实是懂了，便自顾自地继续谈下去，结果是倾听的一方越发听不明白……

要在心里告诫自己"对方有可能没听明白"，要带着这个假设的前提去观察谈话中对方的反应。

通过对方的反应确认对方对谈话内容理解了多少，再由此来调整接下来要谈的内容的难易程度。

如果对方露出听得有些发蒙的表情，那就把话说得更简单明了，谈一些更容易听懂的内容（这时候若是谈一些发人深思的话题，反而会因为说得比较复杂而起到反面的效果）。

相反，如果对方开始边听边做笔记，表现出对谈话很感兴趣的样子，那么就试着谈得更深入一些。

根据对方的反应而灵活地变换谈话的深度，这种做法很酷吧。

我现在在"news every."里主持"为什么是这样？"这一栏目。在做这档栏目时我总提醒自己要站在观众的立场上，要让观众听得明白、看得懂。

不过话虽如此，在录节目的时候其实观众并没有坐在面前，我是通过镜头向观众展示节目的内容，所以很难做到一边讲解一边实时地观察观众的反应。

因此，我向"news every."的主播，同时也担任"为什么是这样？"栏目主持人的小山庆一郎先生寻求帮助。

在节目开始一小时前小山先生会来到演播厅参加彩排。彩排的时候我会跟直播一样，使用同样的插图、照片和图表来进行说明，之后征询小山先生的意见。

小山先生是一位非常热爱学习的人，同时他看问题的视角和观点常常跟我们这些一直搞新闻报道的人不太一样，在演播厅里是非常难得的良师益友。

"这个部分听得不太明白。""这个说明图,有可能被理解成另外的意思。"他总是给我很多这样坦率的意见,对此我不胜感激。

彩排时从小山先生那里得到的意见和建议,能从观众的角度去客观地看待他们的疑问以及他们关心的事情,而且还是对节目内容进行深度挖掘的好机会。我非常重视这一点。

彩排结束后,离正式开播还有不到四十分钟的时间。工作人员齐心协力地赶紧开展各种修正,把节目的内容弄得更加简明易懂以面对正式的直播。

在彩排中如果听到小山先生说"啊,是这样啊?以前还真不知道",我就会忍不住在心里叫一声好,力争跟演播厅里的工作人员一起,每天都做出让观众发出感叹、产生共鸣的节目。

在假定对方没有听懂的前提下,一边勤于确认对方理解了多少,一边继续接下来的谈话。

医生是"打比方"的高手

曾经有多位医生来我的节目里做过嘉宾,他们中有的是心脏外科医生,有的是做白内障手术或是治疗腰痛的专家。通过在节目中对他们的观察,有一点我是可以打包票的。

那就是几乎所有来节目的医生都是擅长说明的高手,尤其是非常善于打比方。

这一定是因为他们在日常的诊疗中,不断实践如何不使用难懂的医学术语,尽量用浅显易懂的话向患者做讲解的缘故吧。他们会一边用一些切身的例子打比方,一边向患者说明病情、讲解治疗以及预防方法。这些医生嘉宾们都给我留下了善于打比方做说明的印象。

一方面,不过多地使用外来语的片假名及专业术语。

如果仅仅是将谈话对象不熟悉的词语罗列一番,单单这样就足够让对方觉得"这不是自己能听懂的事儿",一下子就听不进心里去了。

我在做节目的时候，一直注意不使用难懂的词汇。不管怎样复杂的新闻，我都不用那些官方说明的语言，而是自己先理解，然后用自己的话来表述。

因此我一直非常注重如何让自己说的话被观众理解。在不得不使用一些固有名词的时候，我也会加上一句"也就是……的意思"来做补充说明。

复杂的话简单说，那些擅长使用打比方来谈话的高手们都是这样做的。

我来给大家讲一个故事，在某一期以"健康的大肠决定健康的身体"为主题的节目中，我向庆应义塾大学医学部的伊藤裕教授请教了关于大肠在身体里扮演的角色的问题。在节目一开头，伊藤先生就谈到了根据最新的医学研究，身体里最先开始老化的内脏器官为"肠和肾脏"。

"啊？您的意思是说每一个内脏器官老化的速度都不一样吗？"

听到这儿我非常担心自己是否能跟得上伊藤先生的讲解，不过很快，伊藤先生就接着做了下面的说明：

"每一种内脏器官都有自己的寿命，或者说能使用的期限。内脏器官能用多长时间其实是有一定之规的，就如同沙漏一样，内脏器官的消耗就像沙漏里的沙子一点点往下渗透。肠和肾脏，是身体里容易产生疲劳的器官，因此它们就如同速度快的沙漏。"

当我的眼前浮现出沙漏的画面，刚才担心自己听不懂的"心里的石头"就落了地。因为沙漏里沙子的量是一定的，所以尽可能地减缓沙流失的速度，对保持身体的健康非常重要。

在其他的一些讲解中，伊藤先生将"全面身体检查"比喻成"做车检"，把"肠内细菌的遗传基因"比喻成"指纹"，用打比方的说法去帮助大家理解专业知识。

伊藤先生所讲的内容当然都有其专业领域的术语，但是他却做到了一个专业术语也不用。这一期节目的内容让人茅塞顿开，受益匪浅。

最重要的在于要把"听众是什么样的受众"这一点放在心上。

如果听众是跟医疗有关的人，那么不打太多的比方，直接用专业术语来做说明也未尝不可。不过，如果听众是一般群众，那么就有必要换一些对于听众来说更熟悉、更容易理解的表达去进行说明。

这也就是说，听众至上＝对谈话对象的尊重。

不过，我觉得"在谈话中用打比方的方法来做即兴说明"的难度比较高。

因此，工作中碰到比较难懂、需要做说明的场合，我会事先考虑"该打个什么比方会比较好懂"。做好这个准备，也会帮助你在能言善道的路上更进一步。

哪怕做不到擅长用打比方来做讲解，也可以在日常生活以及职场会话中，做到尽量少用对周围的人来说理解起来有难度的外来语和专业术语。我想这一点只要有这个意识就能做得到。

学会使用打比方的方法，用浅显易懂的表达来阐述比较深奥的话题。

完全进入角色来进行讲述

能够吸引听众的谈话技巧，除了前面谈到的打比方之外，还有一些什么样的方法呢？

我曾从专家中的专家那儿学习过让倾听的对象忍不住探出身子来凑近了听你讲话的谈话方法。这里提到的专家中的专家，就是日本落语演员林家本久扇先生。

"被告知得了咽喉癌的时候，真是吓了我一大跳。就好像被人从脑后敲了一闷棍，完全搞不清状况了。咽喉癌，哎呀妈呀！"

在节目一开始，木久扇先生就用上面的话惹得大家哈哈大笑。那　期节目的主题是"癌症的预防与治疗"。木久扇先生在2000年患了胃癌，2014年又患了咽喉癌，我们想通过做一期节目请两次战胜癌症的木久扇先生来讲一讲他抗癌的经历。

木久扇先生的谈话方法中值得学习的地方实在是太多了。这当中有一个方法，我觉得或许自己也可以模仿着试试看。

这个方法就是，在讲故事的时候，完全进入角色，以角色的口吻来讲述。

木久扇先生在节目开头用幽默的口吻提起了自己的咽喉癌，不过他也谈到了自从得知患了咽喉癌以来，他的脑子里也曾闪现过放弃落语事业的念头，那是一段令人恐惧不安的日子。木久扇先生跟我们吐露了他当时的心情。那个时候想到自己肩负着抚养家人和弟子们的责任，却不得不面对因为生病而陷入没有收入的困境，再看到电视上自己曾出演过的"笑点"节目，如果照这样病下去自己的席位也保不准就会被别人替代。那种不安可想而知。

雪上加霜的是，在做完放疗的整个疗程之后，仍然是左等右等发不出声音。一想到"也许一辈子都没办法再开口说话了"，木久扇先生的不安就越来越深。在这样的不安中度过了两个半星期，他终于等来了声音从喉咙里发出来的那个瞬间。木久扇先生向我们这样描述了当时的情景：

> 每天早上起床的时候啊，我太太她呀，都会跟我说："孩子他爸，早上好。"到了9月21号那天早上，听她说完我就回了一句"早上好"。

"啊！孩子他爸，你能发出声音啦！这真是太让人高兴了。自打咱俩结婚，我还没碰到过比这更让人开心的事儿。"说着说着我太太就开始抹眼泪儿。

然后她就去招呼正在打扫卫生的弟子们，"你们老师能发出声音啦！"

我跟着说了一句"能发出声音啦"，我的弟子们也一同说道："啊！老师！您能发出声音啦！"

"对啊，今儿早上开始能发出声音了。"

接下来就别提有多高兴了。啊，我心里就想又能发出声音说话原来是这么一种感觉啊。

因为木久扇先生模仿他夫人以及弟子们的口吻给大家讲了这段故事，所以很容易想象他们之间日常对话的画面以及他们之间的关系，木久扇先生能够重新发声的那个瞬间的情景也栩栩如生地展现在我们的面前。想象着木久扇先生被含着眼泪说"这是结婚以来最高兴的事"的木久扇夫人和弟子们围着的样子，我甚至感觉到那个瞬间我也跟他们一起站在客厅里目睹了这一切，从心里觉得感动极了。

试想一下这一段故事用一般的讲述方式来说的话，感动的程度会完全不一样吧。

"那天早上,跟我太太道早安的时候发出声音了,我太太也非常高兴。弟子们也围了过来,大家都高兴坏了。"

木久扇先生的讲述让人忍不住想要凑得更近一些,越听越想要听个究竟。这才是让听众感受到魅力的谈话方法。

你也可以在跟上司或下属讲述某些事情的时候,比如被人批评、被人夸奖,或是让自己感到吃惊的事儿,对于其中重要场景的描述,一边交代出场人物,一边不妨试着用出场人物的口吻和神态来再现一下当时的情景。

> 用故事中的出场人物的口吻和神态来进行表达。讲故事的时候,

夸赞他人以及被他人夸赞

"这个人真的很平易近人啊,说话也很有趣。不仅知识丰富,而且非常有人情味儿。"

当我们被对方的言行举止感动的时候,让我们来想想该如何去夸奖对方,才能把这份心情有效地传达出去。

一般来说,我想大家马上想到的是去非常坦诚地告诉对方"您的谈话真是非常有意思"。不过,有时候因为不确定自己的表达会不会有失礼数而犹豫不决,或是因为对方过于谦逊,被人赞美后反而显出忐忑不安的样子,所以面对面地去直接夸奖对方这事儿,没想到还真是不太容易。

在这里,我想给大家建议的是"不跟对方直接说"的方法。

赶在对方把话说完,正好要离开的时候,试着大声地"自言自语"地说:"刚才听的真是很有意思啊!"(当然一定要是你真心这样认为的时候。)

或者在对方不在场的情况下,试着向其他人转达对自己刚才听到的谈话的"好的评价"。

自言自语式的赞扬，或是向其他人传递出的好的评价在日后传到说话者本人的耳朵里，都会比直接向对方表白更具有"真心话"的效应。

那么，如果自己被别人夸赞，又该采取什么样的适当的态度呢？

打个比方，如果你被人赞扬："今天穿的衬衫可真漂亮！"

爱谦虚的人一般都会用"哪儿有啊""只是很便宜的衣服呢"之类的话来忙着否定，要知道这样做也有可能让赞美你的人觉得自己被你否定了呢。

在被人夸奖时，记得首先要说的是"谢谢"。

如果想更进一步的话，还可以再添上这样一句：

"谢谢你。能被时尚漂亮的田中女士这样说，我真是好高兴。"

接下来再聊一些诸如在哪儿买的这样的信息，谈话就能更深入地发展下去。

跟"善于应对来自他人的赞美"的人在一起谈话，会感到心情舒畅。

夸赞他人时，不在本人面前说更有效果。被人夸赞时，要好好地接受。

提出意见时用"美中不足"

要把不好开口的话既漂亮地传达给对方,又不伤害对方的情绪。要是做到了这一点,可以称得上是擅长交流的成年人了吧。

如果你被人直言不讳地指出"这样做才对"或是"你该这样做",你会是什么样的感受?没有谁会在被别人指出自己应该改善的地方时感到心情愉快吧。大多数的人一定都会板着脸不说话。

尤其是年长的男性或是有社会地位的人,他们往往自尊心会更强一些。被晚辈或是下属指出问题的时候,别说是心平气和地听,搞不好怕是要气得说:"真是太没有礼貌,简直太不像话了!"

不想惹对方生气。不过,该说的不说出来又不行。

在这种时候,有一个能够派上用场的有魔力的词语——"美中不足"。

让我们实际地比较看看：

"佐藤先生，您刚才做的演讲，语速稍微有点儿快。不过整体来说很不错。内容非常有意思。"

"佐藤先生，您刚才做的演讲非常好。内容很有意思！要说美中不足就是语速稍微有点儿快。"

感觉如何？这两种说法的区别仅仅在于是否用了"美中不足"这个词，表达的意思其实是完全一样的。不过，你在听到这两种说法之后，得到的感受是不是很不一样？

在使用了从肯定对方入手的谈话技巧的同时，在谈话中加入"美中不足"一词，包含了"您非常棒，只是这一点有点儿小遗憾"的信息，向对方表达出尊重之意。

即便谈话中带有指出对方的问题，督促其改善的微妙意味，谈话的基础还是建立在对对方的尊重之上。有这样用起来非常方便的词汇，还真是让人不由得感动呢。

"因为是你我才说……"

"正是因为对你寄予期望，所以容我说几句……"

"虽说很难开口,不过这事儿很重要,我可以跟你说说吗?"

上述这些表达中所包含的,全部都是"你对我来说很重要"这样一个信息。

因此,听你说话的一方,情绪既不会受到伤害,还能做好接受指点和被指出不足之处的心理准备。因为是做足了准备再来听别人的意见,大概就不会像那样觉得痛苦吧。

让我们从现在开始,先把具有神奇功效的,能够将不好说的话转化成比较柔和的语言的代表性词汇——"美中不足"记在心上吧。

一边向对方表示出尊重,一边又能向对方提出意见的有魔力的词汇——"美中不足"。

向内心烦恼的人提问题时用"消极"的口吻

看起来显得毫无精神的朋友、最近刚刚调动工作看起来一团糟的后辈、忙着照顾家里的老人或病人的同事、脸色暗沉的新员工。

跟上述这样的人见面的时候,你会怎样跟他们打招呼呢?

"怎么样?习惯了吗?"

"最近都顺利吗?"

"一切都好吗?"

用上面这样"乐观"的口吻打招呼的人应该很多吧。当然,如果对方是工作一帆风顺、朝气蓬勃的新员工的话,那我估计你一定会得到非常响亮的肯定回答。

不过，请等一下！

假设对方有难以向周围吐露的烦恼，被你用刚才的方式一问，如果他用"不太顺利"或是"身体不大好"来回答，既好像是在驳回你的问题，又有些说不出口。假如是上司或长辈来问这样的问题，那么就更是如此了。

对于那些真正感到内心脆弱的人来说，要对别人提出的问题做出否定的回答，哪怕仅仅是说出"不是这样"这句话，都是需要很大的精力去做的事。

所以，不妨试着将刚才提的那些问题用跟对方的情绪同一步调的"消极"的口吻来问一问看：

"怎么样？还没习惯吗？"

"最近一忙起来就有很多事儿都不顺手吧？"

"怕是累极了就会感到疲惫了吧？"

这样提问的话，对方也会比较容易顺着问题回答出"是啊，事实上……"的心里话。对方会觉得你在靠近他，是关心他而问的问题，他也就能慢慢敞开心扉来谈话。

也就是说，跟那些情绪低落的人打招呼的时候，要将平常打招呼的方式变成否定式再来问。

我们在给人打气加油的时候，往往不知不觉地就会说："没问题吧？""没事儿吧？"试着把这些话变换成否定的形式："有问题吗？""好像看起来不太有精神啊！"用跟对方的低落情绪保持一致的口吻来打招呼试一试。

走近对方，跟对方站在同样的立场上，为对方内心的声音代言，从这些事情着手，你也有可能成为能帮助他人解决烦恼的善于倾听的人。

用"否定句"跟情绪低落的人打招呼。

在谈话中救人于困境的"我也这样过"

你有没有过在很多人面前陷入非常难堪的局面,心里恨不得自己能立马从现场消失的经历?我就曾经有过。

不过,在那个紧急关头,多亏了在场的人为我说的一句"救命"的话,把我从危难中解救了出来。对我来说,是一次绝不会忘记的体验。

那是一次专门为我而举办的宴会,很多有身份的人都拨冗来参加。

在举办宴会的高级法国餐厅里,我一边用餐一边跟那些平常难得一见的客人们聊天,他们说了很多激励我的话。宴会开始的时候,我就已经紧张到身体都是硬邦邦的了,后来因为过度紧张开始腹痛,忍到最后实在忍不住,在上甜点的时候我起身离席。

在洗手间的小隔间里，我不停地跟自己说："要镇定！要镇定！"但是越是急着整理情绪，肚子越是痛得厉害，脸也憋得通红。

按计划这时候是在餐后的点心上点燃蜡烛，将宴会的气氛推向高潮的环节了。作为宴会的主角，我理应在场才对。一想到这儿，我感觉到连心都紧张得在流汗了。

好不容易稳定情绪回到了宴会桌上，却又因为想到"让大家担心了""该用什么样的表情回座位才好啊？"这样的念头，导致紧张再次如海浪般涌上来。

就在此刻，我的身边响起了一个声音：

"我也曾经是这样哦。"

说话的那位是一位女性高级管理人员。

"肚子饿了的时候吃东西太快的话，肚子会痛，这是常有的事儿。我也曾经有过呢。"

她轻描淡写、不动声色地帮我把觉得难堪的状况用一句话带过，用"我也有过同样的经历"这样的话把自己放到和我同样的境况中。她的这一句话，帮了我天大的忙。

在这种时候，如果被人用同情的腔调表达"有没有没关系""也许先回家休息一下更好"之类的话，我大概反而会更加诚惶诚恐，不知如何是好。搞不好还会连累到整个宴会的氛围也被破坏。

多亏了"我也曾经这样"这一句话，把我自然而然地重新拉回到了大家的圈子里。

更加让我感动的还有这之后她说的话：

"美国前总统乔治·布什也曾经在晚宴上，因为身体不适而倒下过呢。"

这句话让在场的以公司社长为首的各位宾客深感兴趣，话题也就自然地转到了老布什身上。

用"我曾经也这样过。老布什也曾经这样过"这样的话作为我的后援，我在宴会上的失态也成了打开新话题的契机。

我会一直记得自己当时的感激之情，而且我也希望自己能做到跟那位女士一样。这是一次铭刻于心的经历。

这之后，在别人遇到困境的时候，我也会说："我也有过这样的事儿呢。"

比如说有谁给我发错了电子邮件。

发错邮件的一方因为邮件无法撤回，感到非常窘迫。这时候如果我发现了，我就会立刻给发邮件的人回封信。

"我收到了一封发给某某先生的邮件，应该是发错了吧。我会把这封邮件删除，请不要担心。我也常常一不小心就会干这样的事儿，看来我也得多当心。"

对那些陷入窘境的人，试着说一声："没事儿，我也有过同样的经历。"

专题三
会谈话的人也会做笔记

讲话精练的人做的笔记也简明扼要

把自己的每一句话都断成短句，把自己要表达的意思说得清清楚楚。在前面的章节里我谈到了"语句精练才能让人印象深刻"这一谈话技巧。

在跟对方说话的时候，抓住事情的要点，省去那些不必要的话，既不夸大，也不少说。在节目中有幸跟很多擅长这样谈话的嘉宾打交道，我注意到他们放在手边的笔记本也有一个共同之处。

谈话简明扼要的嘉宾们做的笔记往往也是"简明扼要"的。

一旦脑子里想着"今天非得好好谈不可""不管被问到什么问题都得好好回答才是"，就会忍不住想要准备很多的资料放在手边。这种心理我完全明白。事实上，我们也常常会碰到谈话的时候将一大沓密密麻麻写满蝇头小字的 A4 稿纸放在手边的人。

不过，到了谈话的时候是否有工夫翻看那一大沓资料的？那还真是几乎没可能。也就是说，准备的那一沓资料并没有派上用场。

为什么在谈话的时候没派上用场呢？我想那一定是因为准备的资料并没有以一目了然的、容易理解的形式呈现出来。

在"深层新闻"这个节目里，我邀请的最多的一位嘉宾就是曾经做过外交官的宫家邦彦先生。不光是我主持的"深层新闻"，宫家先生还是众多电视节目、广播、杂志都争相邀约的对象。之所以如此，是因为他的谈话条理清楚、简明易懂，而且还总是能提供新的信息和新的观点，谈话的内容也非常丰富。

"哪怕是问过很多次的问题，您也从来没有回答过重复的话。每次都能谈出让人恍然大悟、深表赞同的新闻论点。这到底是怎样才能做到的呢？"对宫家先生的信息整理能力，我总是感叹不已。

就是这位宫家先生，他拿在手边的笔记本永远都是小小的。手掌大小的本子上分项记下寥寥数行，也就不过一两张纸。看起来是把在一个小时的节目里能说完的话的要点记下来的样子。

宫家先生的著作里提到过他在平时会有效地利用笔记本来记录各种信息。碰到有趣的信息，或是想到什么点子的时候，就用"瞬间冷冻"的方式，掏出随身带的笔记本马上原汁原味儿地记下来，听说连枕头边都放着记笔记的本子呢。

而且，还听说宫家先生在谈话的时候非常注重抓要点，使用PPT做讲解的时候也坚持"一张PPT只讲一个要点""不在PPT的页面上使用过多的文字"的原则。

当我找机会向宫家先生咨询做备忘的技巧时，宫家先生说："最重要的是，要让自己说的话有力量。手边准备的材料太多，说话的时候就用不好口头语言，自己说的话就显得软趴趴的。"

而且，不仅要注重内容，还得有时间的观念。宫家先生说他记在手边的笔记本上的内容，说一半儿大概需要20秒到30秒，把全部内容说完大概需要50秒到一分钟的时间。"在电视或是广播节目里，要是喋喋不休地说上两分钟，谁都会听着觉得厌烦。要随时做好准备，哪怕是突然被主持人要求对什么做出评论，也可以根据内容来调整自己谈话时间的长度。"

这可真是让我佩服之至。他教给了我坚持"听众第一"的一流的谈话技术。

明治大学的海野素央教授，也是深谙做笔记的技巧的典范。海野先生是心理学博士，同时也是跨文化交流的专家。在美国总统选举的时候，海野先生来参加了我们的节目。他不仅非常详尽地分析了特朗普和希拉里的演讲内容，甚至连二人的表情动作，也没有放过。

那次海野先生带到演播厅来的笔记本，只有明信片大小。因为是卡片式的，感觉就像一本小小的连环画一样。每一个谈话的项目分别用一张卡片来呈现，在每张卡片上再分两三行来用较大的字体写上要点。此外，海野先生把要说的内容都写在卡片的正面，背面一律什么都没有写，所以也就省去了在讲解的时候把卡片的正反面翻来翻去的麻烦。

匆匆一瞥手头准备的笔记，句子写得越简短，内容就越容易被记住，也不会出现忘了自己记到什么地方了这样的状况。正因为如此，才能够心平气和地跟人谈一些浅显易懂的话。

另外，因为是分项来把每张卡片上的内容区分开，通过将卡片排序就比较容易建立起谈话的整体结构，往回倒叙的时候也能有所帮助。海野先生说他在大学里也总是按照这种方法来授课的，我对此深以为然。

听说海野先生在做笔记时所用的卡片，居然是他 20 年前就一直喜欢用的一种美国产的纸张，每次出差去美国他就会买一大堆带回日本。像这样对细节之处的追求，也许也是做笔记的乐趣之一吧。

做一些能供日后参考的备忘录

"备忘"，并不只是把自己要说的内容事先记下来，在谈话中把了解到的有关对方的信息记录下来，这样的备忘还能够在日后作为参考的资料。

跟在工作上打交道的人消除了隔阂、谈得投机的时候，对方偶尔会聊起一些自己非常喜欢的兴趣爱好，或是小时候的回忆之类的能反映出人的本真天性的一些事儿。

或者，也许对方还会谈一些诸如"我孙子快要上中学了""我妻子做这个工作"这样的家庭成员的构成以及和职业有关的信息。

这种时候，一边积极地回应"是这样啊"，引导对方心情愉快地继续聊下去，一边在心里把听到的信息"记下来"。

我建议大家在谈话结束之后，利用去洗手间或是在回家路上的时间，趁脑子里的记忆还没变得模棱两可，赶紧把刚才记在心里的事情再认真做个备忘。

拿我来说，我做备忘主要是利用智能手机里有的"备忘功能"。

备忘以当天谈话对象的名字命名，将在当天的谈话中获取的信息逐条地记录下来，以便日后拿来做参考。

如果是爱打高尔夫的人，记下他爱去哪个球场打球。
子女或是孙子辈的年龄以及他们在学校参加的社团活动。

如果是自己开公司的人，记住他的公司是哪一年成立的。

最近去哪里旅行了或是有什么旅行计划。

籍贯以及对老家的回忆。

跟工作有关的失败或成功的经历等。

也许在谈话中得到的都是些很零碎的信息，但这些都是对对方来说"非常重要"的事情。记下这些小事，其实也是感谢对方把这些对他来说很重要的事情拿出来跟你分享。等有幸再见面的时候，若是能跟对方提起"您孙子在学校的网球部对吧。有没有参加今年夏天的网球比赛？"之类的话，对方一定会感到很高兴。

让对方感觉到你把他聊过一次的家常都能牢记于心，仅仅这一点就能把双方的距离迅速拉近。

我自己在做记者期间，每次采访政治家的时候，也总是把那些和政治工作没有直接关系，也没办法写到新闻稿件里去的一些逸闻趣事都记录下来。之所以这样做，是因为这些轶闻趣事能成为更全面地了解政治家的素材，同时说不定在日后的工作中还能有用得上的时候。

另外，有一位大企业的高级管理人员在访谈中含糊地提起过有关他父亲的信息。他说："我父亲参加过战争。所以每次听到有关战争的话题,眼前就会浮现出我父亲的脸庞"。像这种话,是不能跟对方请求"那时候您谈到的那件事儿,我没记住,能不能麻烦您再说一次"的。

抱着只有一次倾听机会的心情,将对方告诉你的事情牢牢记住,会帮助你和对方建立起信赖关系。

碰到这种严肃的话题,在对方讲的时候一定要集中精神认真地听,事后再去做笔记。

另一方面,在大家一起喝酒聚会等比较随便的场合,如果听到谁谈起"值得推荐的日本酒"或者"东西很好吃的料理店"这样的信息,我觉得当场就可以拿出手机记下来。

对方听到你说"我怕忘了,我想把您说的记下来",他也自然会觉得高兴而乐于告诉你更多的信息:"好啊好啊,汉字是这样写的⋯⋯。你看,这是我刚说的那个网站。"

下一次见面的时候,你要是再跟他说上一句"我喝了您推荐给我的日本酒。真的非常好喝",那就真是太完美了。

"把谈话中得到的信息做成备忘,在日后的交流中有可能派上用场",只要有这个意识,那么你记备忘的次数自然就会一下子多起来。

结 语

各位把书看到最后的朋友,真的非常感谢你们。

在此书的最后,我还有一件事情想要跟大家分享。

对于从事新闻报道工作的主持人和记者们来说,跟被采访的对象之间建立起信赖关系并不是一朝一夕的事情,很多情况下都需要花费时间才行。

我曾经经历过这样一件事。

1995 年 1 月 17 日发生了阪神大地震。当时我在读卖电视局做记者,在灾区的兵库县西营市碰到了一位 9 岁的少年。这位少年在地震当中失去了与他相依为命的母亲,成了一名孤儿,这之后他跟着 60 岁的祖母一起生活。

少年和他母亲曾经一起居住过的公寓房，在地震当中由于剧烈的摇晃而坍塌了。

地震来临的那一瞬间，少年的母亲把他压在了自己的身下。两个人都被掩埋在废墟里，少年的身体完全没有办法动弹，只有右手勉勉强强能够活动。少年用他的小小的右手紧紧地握着母亲的手。然而母亲的手只是耷拉着，一点儿劲儿都没有，慢慢地变得冰冷。少年一边捏着母亲冰冷的手一边等待救援，终于在六个小时以后他被救了出来。

少年的母亲用自己的生命守护了他的安全。

这位少年因为遭受到巨大的打击而变得沉默寡言，他把自己的心也封闭了起来。他总是一个人整天在一些广告宣传单的背面画着漫画。刚认识他的那阵子，他都没抬起头来看过我。

在做完那一档报道节目之后，我依然和这位少年保持着联系。

老祖母和少年，两个人在一起的生活可不容易。少年总是不听祖母的话，常常一句话不说就闷在自己的房间里不出来，还有过一段时间连学校也不去。祖母是位性格开朗、爱照顾人的老年人，她也曾写信给我，跟我抱怨"不知道该怎么养这个孩子才好"。不过就算这样，这位老祖母依然坚持鼓励少年，最终这位爱画画的少年考上了美术大学。

虽然我们已经相识了这么多年，但是我还一次都没有听他谈起过关于那次地震的经历。因为我也担心"万一因为我来问地震的事情而导致他再一次把自己的内心封闭起来",一想到这个我就觉得无论如何我都不能问。第一次跟他谈起地震的事情,是他28岁那一年我们再次见面的时候。在他的作品里,我发现了有以手为创作灵感的画。因为想到"这当中也有他母亲的手吧",我屏住呼吸看得入了神。这一次见面,他跟我谈起了关于地震的痛苦回忆。从我们初次见面算起来,直到听到他讲这些事情,整整用了19年的时间。

作为新闻栏目主持人和记者,很多时候需要问一些不好开口问的问题,有时候还非得钻到被采访者的内心深处去探个究竟。我一边做着这样的工作,一边困扰于该如何保持跟被采访者之间的距离。有时候需要问问自己:"如果我是被采访的那个人,如果我的家人是被采访的那个人的话,会有什么感受?"要想打开对方的心扉,就得慢慢地一点一点地花时间去做。我从跟少年的交往中学到了这一点。

正如本书中所讲到的,为了实现跟他人更好的交流,在表达方式上有很多的技巧,正确使用这些技巧,毫无疑问能加深与谈话对象之间的关系。不过,最重要的是从心里去接受对方,做到跟对方感同身受,尊重对方。我想,真正的信赖是由此而来的。

如果阅读此书的读者们能够以本书介绍的各种技巧为入口,跟各种各样的人建立起信赖关系,人生也因此而变得更加多彩，那我真是从心底为大家感到高兴。我也正是抱着这样的初衷来写这本书的。

写这本书的时候，我重新回顾了过去的岁月，从在大阪初出茅庐的记者到伦敦新闻特派员、政治部记者，到最后当上日本电视台的新闻主播。在这里我想借出版此书的机会，向多年来培养了我的读卖电视台、日本电视台的上司、同事、工作人员表示衷心的感谢。

日本电视学院院长木村优子女士，从作为新闻主播的专业技能到心理素质等方方面面都对我进行了指导。在现场主持方面，国友淑弘先生给了我非常大的帮助，他曾经在四季剧团做演员，之后在日本电视学院担任专职教师。能够有幸上国友先生的课，为我的职业生涯带来了非常大的转机。在此我也深深地表示感谢。

我还要感谢 Discover 21 出版社的干场弓子社长给予我此次执笔的机会。干场社长鼓励我时说的一番话，"跟 1700 多位人士有过谈话经验的女性，除了你之外别无他人，一定试着写写看"，至今在我脑海里记忆犹新。感谢堀部直人先生、宫本惠理子女士帮助我将本书整理成册。我还要衷心感谢将我引荐给干场社长的名古屋商科大学大槻奈那教授。

这本书是我写的第一本书。我曾想把这本书写完给我已过世的父母也看一看。

最后，我还想谢谢我的先生。他总是在节假日里给忙着赶稿子的我各种支持，同时他也是这本书的第一位读者。

我要从心底道一声感谢。

小西美穗

2017 年 11 月